话说寺街西南营

南通报业传媒集团 著

江苏凤凰文艺出版社
JIANGSU PHOENIX LITERATURE AND ART PUBLISHING

总顾问

胡拥军　杨万平

总策划

曹金海

总编审

胡卫东

总监制

成媛媛

总创意

宋捷

文史顾问

沈玉成

编撰总监

戴洪兵　叶国　杨建东

执行编撰

张坚

素材撰稿

施宁　张松林

撰　文

张坚　赵彤　韦峰

图　片

赵春　彭常青　管平　翟东平　包钰　刘卫锋　周全　冒小平

创意设计

岳招军

封面设计

赵春

（作者署名如有遗漏，请及时与编者联系）

目录

壹 通州古城 半壁在此

——寺街西南营历史文化街区概览 01

贰 千年根脉 近代辉煌

——回望天宁寺和钟楼谯楼 15

天宁寺：隐逸于深巷的千年古刹 17

钟楼·谯楼：接续讲述光阴的故事 24

北极阁城墙遗址：通州古城残留的唯一遗迹 30

叁 寻常巷陌 皆有故事

——走进寺街西南营古街老巷 32

寺街：每走一步是千年 32

官地街：当年曾有石头记 36

中学堂街：缕缕书香飘满街 38

胡家园巷·胡家庵巷：状元家在深巷里 40

柳家巷：古巷遇上近代风 43

育婴堂巷：善举延续三百年 45

大巷·小巷：江海民居显风情 48

西南营巷：军旅无痕文脉显 50

掌印巷：官场文化活化石 54

冯旗杆巷：中魁旗杆为谁竖 56

南关帝庙巷：明清住宅入“省保” 59

惠民坊巷：一方地券留地名 61

肆 江海乡愁 寻根探秘

——解析南通旧城民居建筑地域特征 66

五山拱北，通州古城好格局 67

特色鲜明，南通民居有智慧 69

伍 先贤俊彦 栖居于此

——探访寺街西南营名人故居 84
顾养谦旧宅：戍边奇才衣胞地 84
胡长龄故居：状元少时读书堂 87
李方膺故居：梅花楼里暗香浮 89
易氏文武进士第：文武之道尽在此 92
诗文世家范氏老宅：薪火传承十三代 94
湖南布政使王藻旧居：名臣回乡纂诗集 96
清代科学家蒋煜旧宅：再造神器浑天仪 98
袁氏老宅：名门家风传后世 100
徐氏祖宅：通城大姓“代代高” 102
徐赓起的城砖楼：明代古砖砌小楼 104
中科院院士黄耀曾故居：有机化学谱新篇 107
周氏故宅：从好庐里藏经典 109
林氏中医世家旧居：六代悬壶克顽症 111
清道台梁缙卿旧宅：后人名满文艺圈 112
江村故居：流星闪耀破长空 114
赵丹故居：影坛巨星起步时 116
金沧江故居：“韩国屈原”入吾乡 119
包壮行旧居：迭石为山制灯彩 121
武陵堂顾氏旧宅：人才辈出凤凰桥 123
朱良春故居：国医大师风范存 126
喜氏中医世家旧居：八世名医传仁术 128
周懋琦故居：清苦忠直梦强国 130
王宾故居：古建瑰宝“海门府” 132

陆 悠悠文脉 成风化人

——追溯街区的书院名校、教育名人 134
紫薇书院·紫琅书院 134
通州女子师范学校 136
江苏省南通中学 138
南通市实验小学 142
创始者：张謇及几位首任校长 144
名师录：国学大师徐益修 149

名师录：文章巨子易作霖 151
名师录：科学史家袁运开 155
名师录：情境教育创始人李吉林 158

柒 左手琴谱 右手丹青
——细说寺街西南营艺术名家 163
徐立孙：梅庵派古琴大师 164
邵大苏：梅庵琴社创始人之一 168
袁运甫：中国现代壁画复兴的引领者 172
袁运生：开启美术史破冰之旅的艺术家 177
范曾：当代诗书画大师 181
顾乐夫：旅美著名画家 187
范扬：开拓创新的实力派画家 192
冷冰川：独树一帜的绘画博士 197

捌 红色基因 代代赓续
——追忆寺街西南营革命遗址和烈士故居 202
请铭记这些革命遗址 202
共青团妇女部长朱文英 206
“谍报女杰”马世和 208
热血洒黄海吴度 212
铮铮铁骨江上青 214
革命文艺战士史白 217
“中国保尔”徐惊百 222
血染疆场李荆 226
党的好女儿顾永慈 227
“3·18”革命烈士顾迅逸 230
“3·18”革命烈士钱素凡 233
“3·18”革命烈士季天择 236
“3·18”革命烈士郑英年 239
铁军报人徐铭延 242

通州古城 半壁在此

——寺街西南营历史文化街区概览

如果时光可以倒流，梦回唐朝，今天南通城脚下的这片土地，又是怎样的一番景象？其时，通州古城尚未出现，这里还是一片被叫做胡逗洲的沙洲，周边是星罗棋布散落在茫茫江海中的岛屿。由于朝廷设盐亭场，运盐河畔樯橹林立，此地渐渐有了兴旺的气息。

唐懿宗咸通四年（863 年），一个名叫藻焕堂的僧人在这水陆交汇处建起了天宁寺，初名为光孝寺。与之同时建成的还有一座五级浮屠，即光孝塔。

五代十国时期的后周显德五年（958 年）初，周世宗柴荣麾下的大军挥师南下，在此设立静海军，不久升为通州，并设静海、海门两县归通州管辖，州治驻静海，这是通州建城之始。

天宁寺始建于唐末，而南通城则诞生于北宋建立的前夕。因此，南通民间有“先有天宁寺，后有通州城”的说法。

正是因为有了天宁寺这一古刹的存在，它的周边形成了市集，南来北往的朝圣者走出了一条通衢之道，被称为寺街。

由寺街辐射开去的各条街巷，形成南通城最早的街区。

今天我们说起寺街时，所指的已不仅仅是那条石板街，而是以寺街为主线的、由多条小街小巷组成的面积约 14 公顷的古街区。

南通城历代以寺街东南侧的州治为中心，以南大街和东、西大街把城内分成东北、西北、东南、西南四个片区。寺街街区便位于西北片，西南营街区则位于西南片。

翻开通州古城地图，一条古老的护城河——濠河将整个城市环抱其中。六桥之内的核心区域，面积仅 1.1 平方公里。当时的通州城四面均建有城墙，直到辛亥革命之后，城墙才被拆除，修造了环城的四条马路。

寺街历史文化街区
The historical and cultural neighborhood of Temple Street (Sijie)
寺街西南营记忆

寺街西南营位置

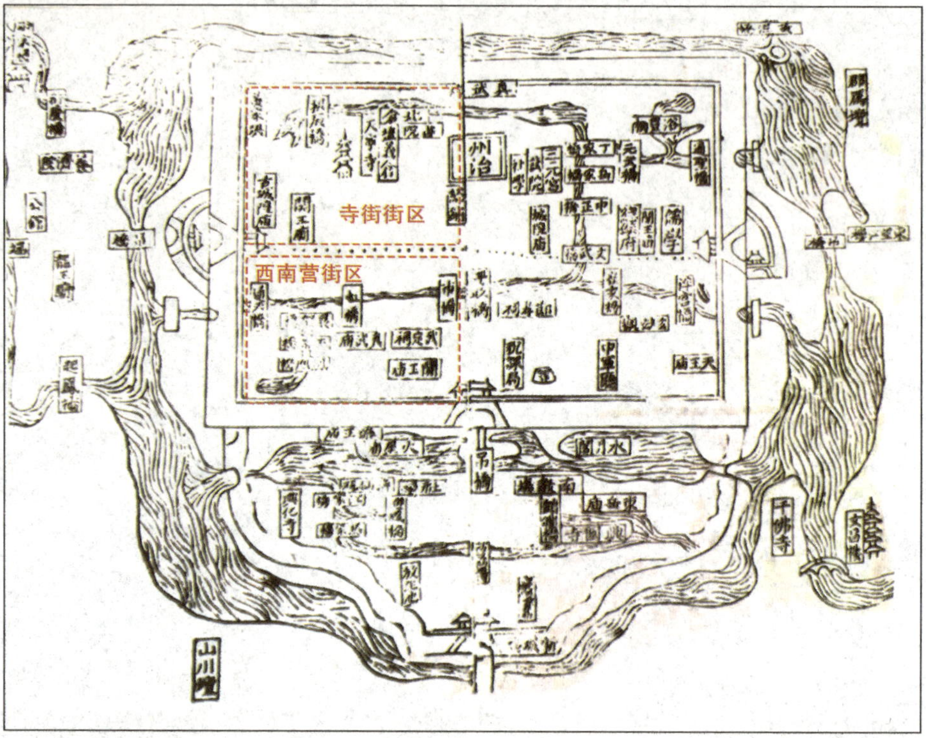

乾隆《通州志》里的通州州治新图

南通城以南大街为中轴线，以东是东半城，以西是西半城。如今，东半城——古城的东北、西北片区在历史嬗变和旧城改造中消失了，空留下东南营、习家井、摇鼓井、丁古角、东北水关这些地名供南通人怀旧。而西半城，也就是寺街和西南营这两个片区，却较为完整地保存下来。

让我们将目光投向寺街历史文化街区。这片粉墙黛瓦已斑驳、雕梁画栋已洇蚀的古城群落，以它一千多年无断层的史笔，书写了南通城历史的传承、文化的积淀、家族的赓续。在日渐繁兴的都市里，它既像一位忘却尘世、处江湖之远的隐士，又如一位忙于柴米油盐、道尽家长里短的寻常百姓。

寺街，见证了南通城千百年的岁月变迁，粘连着一代代南通人的时光记忆：那一条条长长短短、宽宽窄窄的古老街巷，仿佛是一阕阕平平仄仄、清清丽丽的婉约词曲；那一座座历尽光阴、古朴深幽的庙宇庭院，仿佛是一首首怀古颂今的凝固诗篇；那 层层花木扶疏、错落有致的园林民居，仿佛是一幅幅浓墨淡彩、赏心悦目的风情画卷。

走在寺街上，俯拾皆是历史过客、文人雅士的故居，盘桓即得历史文化的遗存和脍炙人口的掌故、传说，它们比方志更全面，比史书更生动，比典籍更引人。

翻开方志，人们可以知道，清乾隆状元、礼部尚书胡长龄以诗文卓越在文宦中占有一席之地，却不知深藏寺街宅第之间的花园、结构特殊的状元府，以及他与和珅巧妙周旋的民间传说，将其为官清廉、重情重义、嫉恶如仇描绘得有声有色。

打开史册，人们可以知道，明末东林党人喋血无锡，震惊朝野，却不知当时身为户部主事的范凤翼，因“推举建言诸臣顾宪成、高攀龙”这两位东林党领袖，而名列“东林党人榜”，被“削籍为民”“追夺诰命”。

从北向南看寺街在老城区的位置，画面的上方可见远处的五山

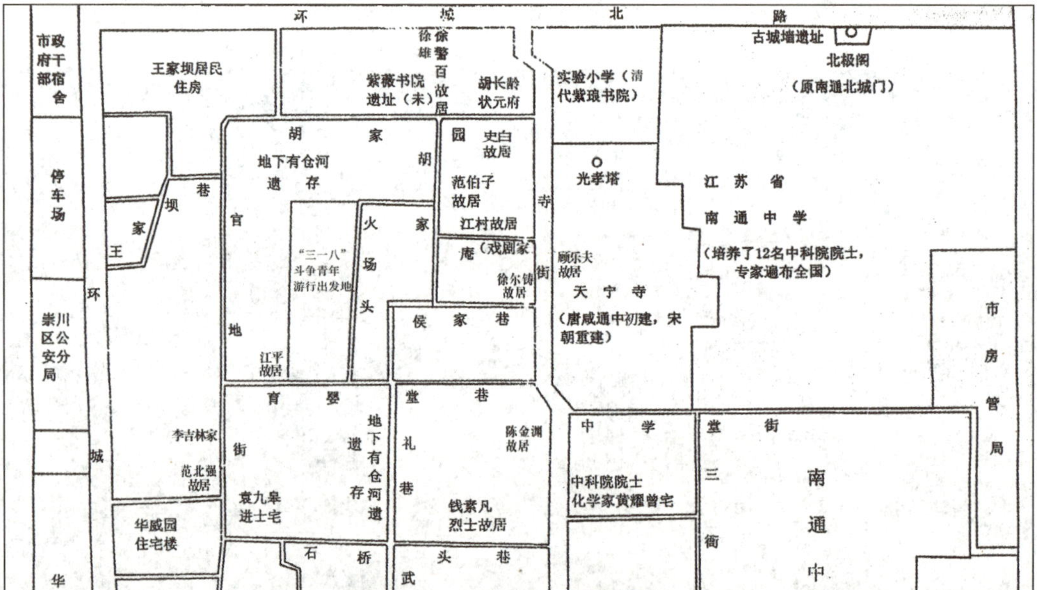

环城北路
市政府干部宿舍
王家坝居民住房
徐雄
徐警百故居
紫薇书院遗址（未）
胡长龄状元府
实验小学（清代紫琅书院）
古城墙遗址
北极阁
（原南通北城门）
停车场
王家坝巷
胡家园
地下有仓河遗存
史白故居
范伯子故居
江村故居
光孝塔
江苏省南通中学
（培养了12名中科院院士，专家遍布全国）
官地
“三一八”
斗争青年
游行出发地
火场头
家
庵（戏剧家
徐尔铸故居
顾乐夫故居
天宁寺
（唐咸通中初建，宋朝重建）
江平故居
侯家巷
崇川区公安分局
环城西路
市房管局
李吉林家
范北强故居
育婴堂街
地下有仓河遗存
袁九皋进士宅
礼巷
陈金渊故居
钱素凡烈士故居
中学堂街
中科院院士
化学家黄耀曾宅
三街
南通中学新校区
华威园住宅楼
石桥头巷
武胜巷
寺街
墩巷
华威园住宅楼
税务所办公楼等
官地
徐益修故居
徐立荪
马世和故居
邵大苏故居
市民广场
古郡庙
药王庙
小巷
柳家巷
李方膺故居（扬州八怪之一
丁瓒故居
草地
钟楼
广电局（报）
进士顾曾恒故宅
邮政大楼
少儿书店
和平商厦
西关帝庙遗址（唐）
大巷
市民广场
南通书城
老天宝银楼
手机专买店
环西商场
人民中路

寺街示意图

寺街与西南营隔路相望

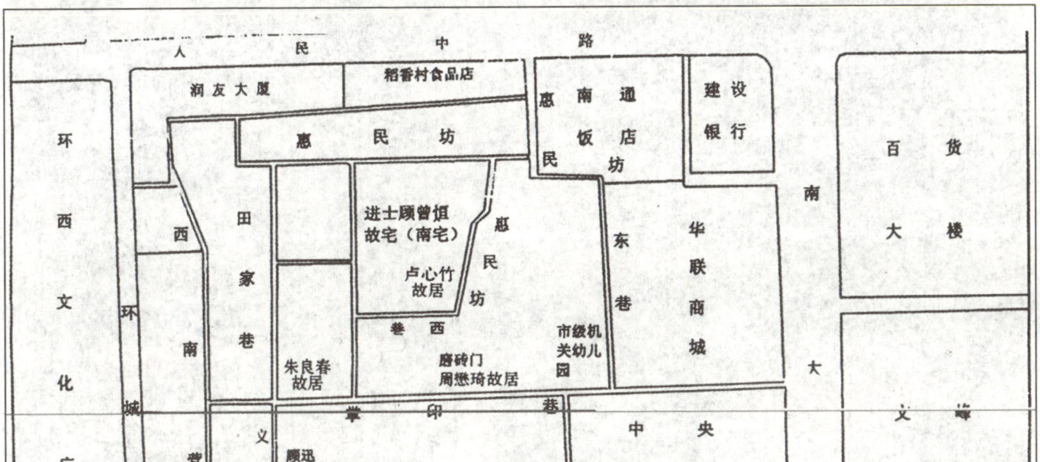

西南营示意图

寺街

盘点典籍，可知说书界始祖柳敬亭名满天下，却不知出自余西曹氏的他，曾在柳家巷的城隍庙前摆下书场，台上谈古论今激情飞扬，台下却望着柳家巷口的夕阳暗自掩泪。

还有，那一纸房契，见证了深藏于寺街的保天官明代老宅；那一部家谱，褒扬了兴建学堂、缮修育婴堂的进士孙宝书；那一尊神轴，讴歌了明代兵部尚书、蓟辽总督顾养谦“金戈铁马戍边关，空城一计退万敌”的儒将壮举；那一幅珍迹，展示了“扬州八怪”之一的李方膺“梅斗狂风、竹傲霜雪”的文人情怀。

寺街存续着历史风貌。这里有通州城最早的唐代遗迹天宁寺、关帝庙，有宋代的古郡庙、北上真殿、地藏殿，元代的华王庙、谯楼，明代的古郡王庙、火星殿，清代的青莲庵、胡家庵，民国的十字街钟楼以及纵横交错的古街巷、连绵成片的明清民居——南通千年历史的城市足迹在这里清晰可辨。

寺街延伸着文化根脉。这里有建于宋代的紫薇书院、清代办学时间最长的紫琅书院；有一位状元、一位榜眼、18位进士的故居；有诗文传世十三代的文化世家；有张謇和他的同道们创办的全国第一所设本科的女子师范学校，又有南通第一所高等小学和唯一的省立小学；有南通第一所中学——南通中学。百年名校南通中学由张謇先生于1909年亲手创办，是南通第一所推行新式教学的中学堂，从这里走出过26位院士，25位文艺名人、世界冠军，“中国近

寺街人家

代第一城”的文化教育之花在这里盛开不败。

寺街连接着红色记忆。这里有太平天国军山农民起义领袖黄朝飏的就义处，有辛亥革命南通总司令部，有反袁烈士沙淦的殉难地；有土地革命时期南通县委秘密联络处，有红十四军通海如泰特委秘密机关，有中共南通中心县委召开会议、刻印传单处，有 1946 年南通青年“反独裁、反内战”游行集会处，还有 14 位革命烈士的故居——一部爱国主义教育史册在这里缓缓地打开。

让我们再到西南营历史文化街区走一走。从寺街所在的古通州城西北片区往南，穿过现在的人民路，便到了西南片区——西南营。

“西南营”这个名称起源于明朝初期驻扎在这里的兵营。据州志记载，明太祖洪武年间（1368 年—1398 年），在州治西南的兵营（即西南营）附设军器局。后来，历代对兵营都有裁并，西南营作为军旅的痕迹如今已经荡然无存，成了一条留住历史记忆的巷名。其实，像西南营这样由方位加“营”的巷名，南通本来还有东北营和东南营，只是随着岁月的流逝，它们早已消失在历史的尘埃里了。

西南营片区有文字记载的最早根脉当属惠民坊和南关帝庙。南关帝庙原为天王庙，始建于宋太平兴国五年（980 年），明朝改建为关帝庙。“惠民坊”这

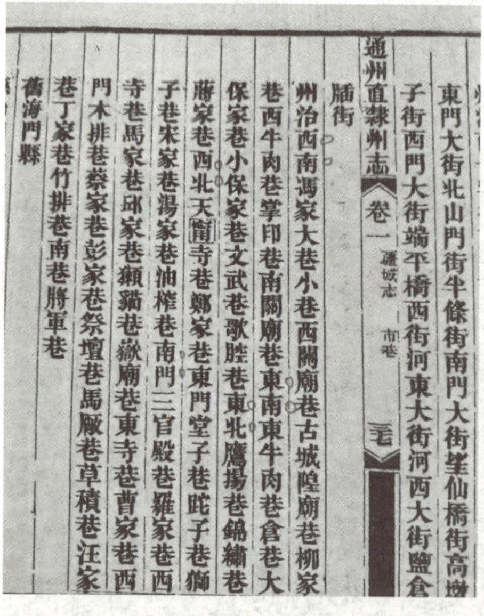
東門大街北山門街牛條街南門大街望仙橋街高墩
子街西門大街端平橋西街河東大街河西大街鹽倉
通州直隸州志 卷一 疆域志 市巷 毛
牐街
州治西南馮家大巷小巷西關廟巷古城隍廟巷柳家
巷西牛肉巷掌印巷南關廟巷東南東牛肉巷倉巷大
保家巷小保家巷文武巷歌胜巷東北鷹揚巷錦繡巷
蔣家巷西北天甯寺巷鄭家巷東門堂子巷眊子巷獅
子巷宋家巷湯家巷油榨巷南門三官殿巷羅家巷西
寺巷馬家巷邱家巷獺貓巷嶽廟巷東寺巷曹家巷西
門木排巷蔡家巷彭家巷祭壇巷馬廠巷草積巷汪家
巷丁家巷竹排巷南巷騰軍巷
舊海門縣

光绪《通州志》中记载寺街巷子的名称

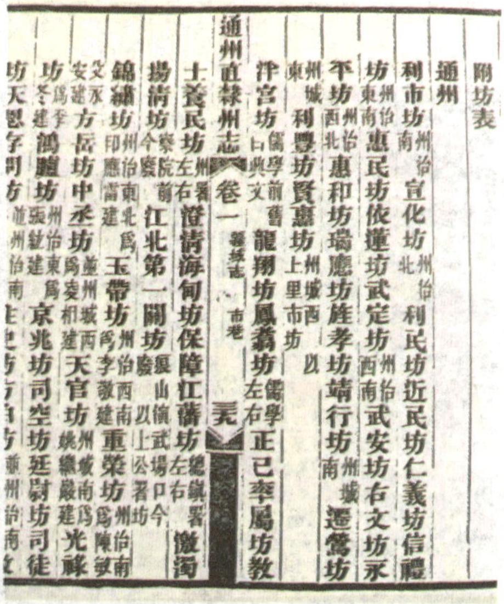
附坊表
通州
利市坊州治南宣化坊州治北利民坊近民坊仁義坊信禮
坊州治東南惠民坊依蓮坊武定坊州治西南武安坊右文坊永
平坊州治西北惠和坊瑞應坊旌孝坊靖行坊州城南遷鶯坊
州城東利豐坊賢嘉坊州城西上里市坊以
泮宮坊儒學前舊白典文龍翔坊鳳翥坊儒學左右正己率屬坊教
通州直隸州志 卷一 疆域志 市巷 兲
士養民坊州署左右澄清海甸坊保障江淮坊總鎮署左右激濁
揚清坊今察院前江北第一關坊狼山鎮武場口今廢以上公署坊
錦繡坊州治東北爲印應雷建玉帶坊州治西南爲李敷建重榮坊州治南爲陳敏
安爲李建方岳坊中丞坊州城西爲姜相建天官坊州城南爲顧養謙建光祿
坊州治東爲張鈦建鴻臚坊京兆坊司空坊廷尉坊司徒
坊天恩孚司方

光绪《通州志》中记载西南营各坊的位置

西南营全景

个名字最迟应出现在宋天圣三年（1025 年），1976 年发现的一份地券上记载着“淮南道崇川城内厢惠民坊”的确切地名。

西南营是古代居民社区的活化石。坊者，街市里坊之谓。惠民坊有坊门，曾保留到二十世纪五十年代。从西南营片区，可以看到古代通州城里“里市坊”的缩影。据载，明万历年间（1573 年—1620 年），通州城里外有 19 个坊，一直到清光绪《通州志》都保持此数。古代的街坊，是城市百姓聚居区划的称谓，似于现时的居民社区。也就是说，明清时代的通州古城一直保持着 19 个居民社区。光绪方志上则进一步标明“州里西南”曾有惠民坊、依莲坊、武定坊。随着时间的推移，古街坊渐渐在人们生活中淡出，只剩下惠民坊一座，成为研究通州街坊史唯一的实体。

西南营是南通特色民居的集中地。濠河自西南营西侧的城西南水关流入城内，即为市河。明万历年间的进士、通州人陈大科为之记：“市河者，通州城中河也。自周显德间城成即有河。”市河从纵横两个方向穿过西南营片区，有曲水一、池二、桥六，岸边自是一番小桥流水的景象，一幅通州版的《清明上河图》徐徐展开。枕河而居的人们，在西南营一带留下不少别具江海文化风情的住宅。如今，南关帝庙巷明清住宅被列入省级文物保护单位，冯旗杆巷明代住宅、掌印巷清代住宅等，也成为市级文保单位。其他优秀历史建筑也为数不少。

西南营是历代名人雅士的集聚区。这里存留了相当多的深院故宅。清光绪《通州志》中记载的就有：元招讨使张宏纲宅、明尚书李敬宅、明参政邵棠宅、明布政使袁随宅、清封资政大夫徐大绅宅、清兖州同知马遇宅、清总兵杨天柱宅、清岐亭同知邵凤依宅等八座宅第。随着时间的推移，光绪元年（1875年）以后，街区又新添了众多的名人宅第，如：清台湾知府周懋琦宅、清末刑部部曹陈佩廷宅、海门厅同知王宾宅、韩国流亡诗人金沧江故居、近代名医喜仰之宅、著名建筑大师孙支厦宅和著名电影表演艺术家赵丹故居等。这些名人俊彦留下的传奇故事，至今仍在街巷之中流传。

寺街、西南营不仅是南通人心目中的风水宝地，它也牵动了众多专家学者、有识之士的关注目光。确实，保护好寺街、西南营这一方热土，不仅是为南通这座城市留下最后的根脉，也是为中国历史文化的传承写下一页篇章。

著名作家、全国民间文艺家协会主席冯骥才游历南通，下车伊始，就迫不及待地参观寺街和西南营。感慨地说，明清民居这么集中、保存得这么完整，

寺街雨巷

这在全国都少见，要好好加以保护。

上海同济大学教授、国家历史文化名城研究中心主任阮仪三呼吁，南通要以“城市更新”来代替“旧城改造”，以保护文化遗产的情怀，保护好寺街、西南营文化街区。

这座城市的人们，一直默默守护着他们的精神家园。从二十世纪八十年代开始，南通对濠河、寺街和西南营等历史文化区进行保护性规划，颁发了《南通市历史文化名城保护办法》《南通市优秀历史建筑保护暂行办法》等条例，对市区各级历史文化保护建筑进行了修复和加固。2010 年 3 月，寺街历史文

左图 民国初年，大聪电话公司的工人在南通城的老街上安装电话线

右图 光纤等通讯设施让老街步入了新的时代

西南营夜景

化街区与唐闸近代工业遗存保护规划同时通过了省级评审。2011年，南通委托同济大学编制“寺街名人街区”修建性设计，将西南营纳入了整体规划。

2021年5月，《南通寺街、西南营历史文化街区保护整治修建性详细规划》发布，规划总面积约27.4公顷，其中寺街面积约19公顷，西南营面积约8.4公顷。按照这一规划展开的一系列规划和保护举措，注重保留历史街区的街巷肌理和重点文物的原真性与原貌性，又注意突出历史街区的活化与活力，有烟火气、有生机力，将历史价值与当代价值有机融合。

东风无力、冷月无声，岁月的流逝总会湮没掉一些印痕，世事的沧桑也总能让旧日风景物事俱非。所幸的是，寺街还在，西南营还在，它们所共同构建起的这座城市清新秀丽的神韵还在，它们所遗存的那份南通城独有的风雅还在。还有，街与街、巷与巷连接起的那道历史文化的深邃背影也还在。

当你走进寺街、走进西南营的时候，你也就走进了一段持续千年的历史。这里有凄风苦雨的过往，也有安居乐业的繁盛；这里有艰难创业的劳苦，也有闲庭信步的舒心；这里有壮志难酬的孤独，也有功成名就的荣耀。如今，一系列规划和保护的重大举措的实施，将给寺街和西南营这两个古老的历史街区注入崭新的生命力，也必将推动南通这座历史文化名城走向新时代的沧桑巨变。

千年根脉 近代辉煌

——回望天宁寺和钟楼谯楼

“先有寺，后有城。”这是在南通城里流传了千百年的一句老话。

这座寺，就是千年古刹天宁寺。

全国不知道有多少叫天宁寺的寺庙，而南通城里的这座，无论从其悠久的历史还是丰富的遗存看，都是可圈可点，也是值得一游的。

始建于唐咸通四年（863 年）的天宁寺，比起后周显德五年（958 年）筑城的通州城来说，早了近百年。

作为南通至今保存较为完整的一座佛教名寺，因为它的繁兴，南通有了一条寺街。寺街，可以说是南通城最古老的街区。城中最古老的寺庙建筑，与纵横的古街巷、成片的民居交相辉映，一座古城发轫、成长的轨迹清晰可见。

从天宁寺内的光孝塔俯瞰寺街街区

天宁寺全貌

这里，由此成为通城历史文化的根脉所在。

往事越千年。位于寺街东南处、十字街口的一座钟楼，代表的是南通城的另一个时代，诉说着一百多年前“近代第一城”的辉煌。

这座钟楼诞生于1914年，其时，正是以张謇先生为代表的先贤在南通推动地方自治、建设新型城市的高峰时期。作为同时期建造的四座钟楼之一，位于市中心的这一座，不但是当时全城最高的建筑，更是改变古城千百年来日出而作、日落而息生活方式的标志。

在具有西式大本钟既视感的十字街钟楼背后，有一座中式建筑与之同框，这就是更为古老的谯楼。南通谯楼位于原州衙大门前，最早建于元至正九年

（1349 年），明清两代曾多次修缮。谯楼从功能上看正是钟楼的前身，多少个漫漫长夜里，驻足于此的守夜者击打更鼓为通城百姓报时。

钟楼、谯楼成为不可分割的一个整体，两座中西合璧、形态各异的建筑紧密相连，在城市中心形成一组独特的景观，对时代变迁作了很好的注释。

钟楼和谯楼，作为见证城市发展的“双子楼”，如今已是南通市的地标建筑。

在寺街西南营历史文化街区内，省级以上文物保护单位有三处，其中，南通天宁寺为全国重点文物保护单位，钟楼、谯楼、南关帝庙巷、明清住宅为省级文物保护单位。它们分别是古代寺庙、城市公共建筑及南通民居的典范之作，是城市记忆里最值得品读的精彩章节。

天宁寺：隐逸于深巷的千年古刹

素有“一州伟观”之称的唐代古刹天宁寺，位于寺街北端、中学堂街西首。天宁寺毗邻北濠河，如今周边除了学校，就是街巷民居，环绕古寺的是一片浓浓的人间烟火味。

宋徽宗御题天宁寺“大雄之殿”

天宁寺内的“八相成道”铜雕

【历史沿革】

南通天宁寺始建于唐咸通四年(863年)。现存的《通州天宁禅寺重修记》碑文（明宣德八年，1433年）称：“天宁寺居州之西，原系奉圣寺，政和间迁天宁禅寺并入报恩光孝，称天宁报恩光孝禅寺。”清康熙《通州志》记载了创建天宁寺的高僧：“唐咸通中僧藻焕堂建。”由此可知，天宁寺始建于唐，兴盛于宋，已有千年以上的历史。

天宁寺内铺砖地

天宁寺于北宋政和年间（1111年—1118年）迁到现址，与该处的报恩光孝寺合并而改名为天宁报恩光孝寺。宋徽宗御笔题写的“大雄之殿”至今犹在。

南宋咸淳时天宁报恩光孝寺修葺一新，郡人印应雷（宋度宗朝兵部尚书）举家迁徙常熟，将他的住宅捐给了寺庙；又有一位管姓的郡人建造毗卢阁，该寺的规模进一步扩大。明天顺元年（1457年），僧善慧奏皇帝赐额，英宗敕赐，将寺名作了简化，去“报恩光孝”，改称“天宁寺”。此后，天宁寺名便沿袭至今。

到了明代，天宁寺的重振之功当首推通州守御陈谦。他捐资延请杭州高僧净缘禅师前来住持，前后四年整修了光孝塔、大殿和山门，主持兴建了园通殿、轮藏殿等。当时，通州名士以“偶翼毗卢阁，遥堪俯大璃”咏颂天宁寺一时之盛。

天宁寺历来位居通州城四大寺（天宁寺、东寺、西寺、千佛寺）之首，到了近代，其面积则大大缩减了。清朝末年，在全国废寺庙办学的热潮中，天宁寺东部的毗卢阁、四贤寺、轮藏殿等建筑被改建为通海五属公立中学，即现在的江苏省南通中学的一部分。天宁寺原七房之藏经楼、四贤祠分别迁至望江楼、西武庙。二十世纪六十年代，光孝塔后院也被学校征用。

1990年，天宁寺经江苏省人民政府批准进行大修，并于1991年上半年正式对外开放，现占地四千多平方米。由于其历史悠久、建筑独特，早在1958年就被列为江苏省第一批文物保护单位，2006年被列入全国重点文物保护单位。

【建筑特色】

天宁寺坐北朝南，寺院建筑虽历经沧桑，难以与盛时相比，但仍完整地保留了中轴线上的几座主要建筑：山门、金刚殿、大雄之殿、藏经楼。山门对面有照壁，寺西北有光孝塔。此外，还有伽蓝、火星、水神、祖师四殿和大意堂。

穿过山门，迎面的建筑即为金刚殿。这是一座歇山九脊顶建筑，面阔三间，进深二间。明间的分心柱为花瓣形，上置斗拱，下安素覆盆式柱石础，山花处用叉手，呈现出宋代建筑的特征。走出金刚殿，进入宽阔的院落，有两棵四百余年的古银杏树。西边银杏树的南首有一眼古井，宋代石井栏上印有深深的绳痕。

天宁寺的大殿名为“大雄之殿”，是南通现存为数不多的宋代古建筑之一。明万历《通州志》载：“大雄之殿”为宋徽宗御题。为什么赵佶用“之殿”而不用“宝殿”呢？本地的高僧育枚解释道，“宝”字惯为皇家擅用，朝廷不随意以“宝”赐下的。

大雄之殿为木结构建筑，歇山式，殿高12米，面阔三大间，进深四间，基本呈正方形。斗拱形制与宋代建筑相符，尺寸与《营造法式》相同或相近。全殿有主柱 20 根，其明间 6 根内柱，采取包镶法制成 12 瓣瓜棱柱，柱下有复盆式石础，石础上雕刻有缠柱牡丹花纹，这是宋代建筑的显著特征。

中国著名的古建筑专家、同济大学教授陈从周曾三次来南通考察，每次都到天宁寺，并对这座古寺给予很高的评价，认为是“宋代的基础”。陈从周教授认为：“像这样用木质瓣形瓜棱柱的古建筑，全国只有两处，一处是南通的天宁寺，另一处是宁波的保国寺。”

天宁寺建筑结构独特，其中木质瓣形瓜棱柱为全国罕见

“通州三塔”中最古老的光孝塔

【光孝古塔】

天宁寺内的光孝塔又称支提塔，是南通市区三座古塔中历史最长、翘角最多的宝塔。南通有一首流传很久的民谣：“通州三座塔，角分四六八；两塔平地起，一塔云中插。”“云中插”的这座，是屹立于狼山之巅的支云塔。光孝塔是平地起的一座五层八角宝塔。另一座是位于古城东南、运盐河畔的文峰塔。

虽说光孝塔塔高仅 30 米，为三塔中最矮，但其所处地势高，据民间的说法，光孝塔塔尖可与狼山顶上的支云塔塔尖持平。光孝塔也是三塔中当之无愧的老前辈，据碑文记载，其于“咸通四年先城而建”，至今已有 1100 多年的历史，比通州的建州筑城还早，故有“先有塔，后有城，依塔建城”之说。光孝塔可以说是原光孝寺的真正遗存，寺改名后，原名仅保留在塔名中。清乾隆年间，老家就在寺街的状元胡长龄在所撰碑文中称它为支提塔。

历经千年风雨的光孝塔依旧保持着古典之美。此塔为砖木混合结构，塔身建于须弥座上。五层飞檐八翘角，每层各有四门，游人可登临远眺。整体上看，光孝塔玲珑挺秀，飞檐翘角，腰檐向上反翘，绕以雕板木栏，檐角悬有风铃。光孝塔的顶刹较高，塔顶承露盘上有相轮七重，上施宝珠，围以光焰，犹如戴了一顶华美的冠冕。

1973 年冬，著名画家吴冠中先生为寺街天宁寺写生

光孝塔须弥座上的神兽图案砖雕

光孝塔历经过多次修复，相传清末一次大修，从光孝塔顶的鎏金葫芦里取出一只镇塔宝杯，号“披霞杯”，将杯置入水缸中，缸水急变，灿若霞光，堪称稀世之宝。张謇先生在世时，惟恐此宝遭不法者觊觎，将其藏于南通博物苑。抗日战争中转藏苏沪，后下落不明。1915 年，江苏省七中（今南通中学）缪文功校长主持过一次光孝塔大修。那年9月，学校计划用节存的近3000元修塔，后来省里只同意用 1000 元，其他由社会捐助，大修工程两年后合尖。20 世纪 50 年代，南通籍建筑师孙支厦主持过修塔。1997 年的一次全面修缮，在恢复宋塔原貌上下了功夫。

很长一段时间，人们认为光孝塔现存的塔身是明代的风格。1997 年大修中的发现，彻底改变了人们对它的认识。经省文物古建专家考证，光孝塔为典型的宋代形制。大修中，在塔的基座清理出 16 块宋代麒麟浮雕，有力证明了光孝塔现存塔身是宋代建筑。光孝塔下的这批石刻麒麟神态各异，形象生动，工艺精湛，是不可多得的艺术珍品。

【雅闻传说】

天宁寺山门上，悬有中国佛教协会原会长赵朴初的“天宁禅寺”题匾，迎送海内外来往的游客们。出身于寺街范氏诗文世家的南通籍书画家范曾，为天宁寺题写了“山河天眼里，世界法身中”的楹联。天宁寺内，除了宋徽宗题写的“大雄之殿”，还有明代江南才子祝枝山题的“德竗空明”匾额。此外，天宁古寺尚存有明、清两代的古碑七块，天宁寺僧溪三大师的墨竹多幅。相传寺内释迦牟尼佛、海岛观音、文殊、普贤、阿难、伽叶等造像，均为唐代著名艺术家刘鸾所塑。

天宁寺的钟声，在南通民间极富传奇色彩。传说天宁寺巨钟铸成后，冶铸师临别告诫僧人不要立即敲打。但僧人对此言并未上心，没多时就叩响了大钟。时值冶铸师刚行至南通城西北的十八里河口，听到钟声长叹一声：“钟声只能传至十八里了！”

与其他寺庙里的钟声不同，天宁寺的钟声节奏与次数确有其独特之处。僧人先是急促地快敲十八下，接下来慢悠悠地敲十八下，最后用中速敲十八下。民间由此留下了天宁寺钟声“紧十八，慢十八，不紧不慢又十八”的说法。这独特的“古寺钟声”，曾是流传已久的“通州八景”之一。

钟楼·谯楼：接续讲述光阴的故事

钟楼夜色

行至寺街东南，漫步十字街头，便可见南通钟楼与谯楼这对“双璧”的曼妙身姿。这里曾经是古城地理意义上的中心，也是政治、经济、文化的中心。多少年来，晨钟暮鼓从这里敲响，讲述了白云苍狗的光阴故事。而张謇先生那代人建造的这座钟楼，接过了谯楼的报时接力棒，为南通城百姓带来明晰的现代时间概念，成为一座闭塞的小城蜕变为新兴城市的显著标志。

先来说说这座谯楼。它的前身，可追溯到南宋淳熙年间建造的用以瞭望的戍楼，后毁于大火。元至正九年（1349 年），郡守马公毅因“更鼓刻漏无节，民未便之”，调动民工，在州衙大门前建了一座华美庄严的四楹谯楼。谯楼内，不仅设有占据甚大空间的计时器，还有供主管漏刻和报时的人居住的地方，并采用更鼓来报时。可惜未及 20 年，该楼又遭遇火灾。

明洪武三年（1370 年），通州知州熊春又在原址重建谯楼。而后又经知州孙徽、屈希尹、林云程重修。清代知州董权文、周粢、梁悦馨等也先后修缮过这座谯楼。这么多明清的主官留下了重修谯楼的记录，可见在他们心目中修好此楼是民心工程。

由于谯楼建在州署前的“子城”城门上，是当时通州城里最高的建筑，因此，早在明代就有人把“谯楼月晓”列为“通州八景”之一。

清道光八年（1828 年），通州知州周焘将谯楼维修一新，撤去原来悬挂的“海山要郡”匾额，换上新命名的“星枢楼”楼匾。周焘自己写了一篇《星枢楼记》，由南通籍书法家李芳梅书写刻碑。楼名星枢，是希望通州城因此文化发达、人才兴盛，此碑现存于原处。目前的谯楼，前后门分别置王世襄手书“谯楼”匾额和费孝通手书“星枢楼”匾额。

虽经多次重修，现存的谯楼还应是始建于明洪武三年（1370 年），迄今已有 650 多年的历史。其楼为五开间抬梁式、歇山九脊顶建筑，下层为土台砖墙，中间为拱形城门，直通州衙门大堂，上层仿城楼，登楼可瞭望州城景色。

自元至清，南通谯楼一直以报时为主。那时一夜分五更，一更又分五点，每逢漏刻上显出的时间到更到点时，守候在漏刻旁的报时人便击打更鼓，用鼓声传达更点数。走街串巷的更夫们听到谯楼上报出更点，便敲自己手中的锣报更，敲梆子报点。

上图 谯楼匾额
下图 谯楼背面

左图 钟楼局部

右图 张謇为钟楼所题对联

钟楼谯楼 **翟东平绘**

由谯楼门进里有一跑道，中央一四角亭曰戒亭，内竖一米多高黑色石碑，正面四个大字“泰山奇峰”，意为知州衙门正对五山，此泰山之石能镇住五山，与民间“泰山石敢当”之意相同。石碑背面为“尔俸尔禄，民脂民膏，下民可虐，上苍难欺”16个字，这是对州官的警语。

南通钟楼建于1914年，由张謇先生倡导，南通县总商会出资，在谯楼前建造的高26米，外径6米的一座钟楼，是民国初年南通所建的最高建筑物，其势“俯掖谯楼，横睎三塔”。

钟楼高七层，张謇与其兄张詧用南通潘氏捐给通崇海总商会的5000元钱从上海购来英国造巨型机械时钟，置于第四层，张謇明确表示这是因为办事必“先明晷刻”。

钟楼为南通建筑师孙支厦设计，在风格上明显受到西方艺术的影响，有意模仿英国伦敦著名的大钟楼的外形，东西南北四个方向都有近乎一层楼高的钟

南通画家笔下的南通城解放场景，图中有钟楼和天宁寺这两个地标

朝外，人们随时可以从大时钟上看到准确的时间，并能听到报时的钟声。

“畴昔是州今是县，江淮之委海之端。”张謇为南通钟楼撰书的这副对联，被刻于石上，镶嵌在三楼朝外的砖壁上，成为传诵多时的名作。

上联写的南通的历史沿革，抓住了由历代之“州”到民国之“县”的变革，用“畴昔”与“今”表示历史的演进。下联写南通的地理位置，南通地处江淮平原的东部边缘，滨江临海，所以用“委”（同“尾”）与“端”作地理位置的介绍，并与上联对仗工整。另据学者指出，对联中的“委”本来就指水的下游，也有积聚的意思，《礼记》里就有“或源也，或委也”之文。张謇所指的是南通地处长江和淮河下游的交汇之处，与头尾的“尾”意思并不相同。

钟楼建成两年后，在第四层楼了望台东南角又增悬铜质消防警钟，通过警钟的敲击声数来指示火灾方位。另外还配备了代表方向的色旗、色灯，遇有火情，同时张挂。随着历史的演进，报时更鼓、消防警钟早已消失，而钟楼上的时钟却依然运行。

1949 年 2 月 2 日，南通钟楼见证了千年古城迎来新生的一幕。中国人民解放军华中九分区部队当天进军南通城，两支从不同方向入城的人民子弟兵会师于钟楼。随着一面鲜艳的红旗升上钟楼顶端，南通全境宣告解放。

钟楼是南通重要的地理标志，也凝结了深深的历史记忆。令南通人欣慰的是，钟楼的形象被设计上了市徽。

2000年，钟楼经过大规模的修葺，恢复了往昔神韵。大钟整修后，发出了响亮的钟声，迎接新世纪的到来。2002年，南通钟楼和谯楼被列入省级文物保护单位。

钟楼广场区域位于南大街与人民路的交汇点，是南通老城区商业繁荣地带。2013年钟楼广场改造工程竣工，一个新型的下沉式广场有力破解了老商业街区路难行、车难停的顽疾，并与不久后建设的地铁1号线完美对接。这一地下空间拥有29个出入口，分布在钟楼广场周边的每个交通节点，市民可以根据交通指示牌轻松穿越钟楼广场和人民中路。

对南通市民来说，钟楼广场及地下工程满足了往来南大街逛街购物停车的需求，改善了这一路段的交通拥堵状况，提供了一个休闲放松的公共空间。从改造成果看，地下空间还兼具了文化广场功能，向市民和游客展现了更多的历史文化元素。其中，全景式的大型浮雕引人注目。北立面的《南通"中国近代第一城"全盛图》重现了近代南通一城三镇的历史风貌，而南立面的《江山揽胜图》则描绘了五山拱北、城门与水关楼组成的老通州城。这些石刻浮雕与地面的壁画、喷泉、植被相互映衬，浑然一体。

钟楼广场

钟楼广场东北侧的两处地下通道口建筑大墙上，嵌装了六幅石质阴刻的地图。它们分别是明万历《通州志》上的“通州治图”、清乾隆《直隶通州志》上的“州治旧图”和“州治新图”、清光绪《通州直隶州志》上的“城隍图”、1928年的《南通县市图》、1996年的《南通城区图》。这六幅不同年代的地图，正是南通历史发展的珍贵证明资料，也为修复一新的钟楼广场增添了文化内涵。六幅古今地图，讲述了南通城的历史变迁，让流连于此的后人，看到了一座城市数百年来走过的足印。

北极阁城墙遗址：通州古城残留的唯一遗迹

北极阁城墙遗址位于南通市环城北路，江苏省南通中学后门东侧，为南通老城北城门旁一段城墙遗址。始建于后周显德年间，其上曾建道观北极阁。1998年被列入南通市文物保护单位。2010年对遗址进行了全面修整，辟为小型遗址公园。

北极阁城墙遗址上的老地图

北极阁城墙遗址也是通州北城门遗址，是通州古城残留的唯一遗迹。

据南通地方史志记载，通州城建于后周显德五年（958年），由静海制置巡检副使王德麟奉命筑建，始为土城墙。次年改为内土外陶，即成砖城墙。并经历代增高加厚，多次扩修。通州城成为砖城后，初立东、西、南、北四城门。

通州东、西、南三门外的濠河都为人工开挖，有吊桥相通，居民集中，有街有市，人气很旺。唯独北濠河是天然水泊，又宽又深，人烟稀少，冷落荒凉。通州官府因为北门“地僻多盗”，置壮健营以镇之。宋政和三年（1113年），通州知州郭凝塞北门以绝匪患，撤壮健营后在城门顶上建造一座玄武庙。自此通州无北门，一直延续至民国拆除城墙为止。

庙成时为避讳改称“真武庙”。真武庙建在北城上，含有守护北方之意，而庙的大殿被称为北极阁，也因此意。

北极阁正殿为两井叠台，后井为单檐歇山式，檐牙高啄。因建在高处，有凌空欲飞之势。远远望去，就像城墙上的阁楼。原大殿宽13米，高10米，共

北极阁城墙遗址

有寺庙房屋 45 间。

1928 年，南通县教育局受命拆除北城墙，以充教育经费，仅保留北极阁。1958 年，南通中学借北极阁主殿办织布工场，二十世纪六十年代，北极阁被毁。20 世纪 70 年代初，南通市建人防工事，地面上的北极阁主殿被拆除，仅保留因北极阁而得以残留的一段城墙遗址。

近年在原地砌青砖为城墙与箭垛，修筑成可供拾级而上的高台。登高俯视，东西开阔近五百米、南北水宽亦百米的濠河之景，尽收眼底：微风起澜，浮光耀金，游舫穿梭，水鸟和鸣，风光无限。

北极阁主殿的抱柱上原有一副长联，上联是："雉堞仰辰居，唯此关独闭，莫定方州；南五山、北五山、中五山，山山对峙。"下联是："风城临坎位，赖百废俱兴，经营大力，物用善、工用善、财用善，善善同归。"

寻常巷陌 皆有故事

——走进寺街西南营古街老巷

在寺街和西南营，纵横着数十条有名有姓、有典有故的街巷。它们长长短短、曲曲折折，无论从任何方向走进去，都如同走进一座时空交错的迷宫。这些老巷子的内涵和地名，都已演化为这座城池的肌理和血脉。通州古城的骨架从这里延伸开去，城市精神也在这些耳熟能详的老地方里持续累积和延续。

令人倍感欣慰的是，寺街和西南营这两个存续了千年的古老地标，如今依然是活着的街区。老南通仅剩的半城烟火，在这里不绝如缕，让踏访者也感受到绵延不断的人文气息。

今天，因为那些街坊和建筑，因为那些久远的故事和曾经的人们，旧时月色、灯光塔影、微风细柳，寺街、西南营的一砖一瓦、一草一木，依然能够撩拨起我们心灵深处最柔情、最动人的那根弦。

寺街：每走一步是千年

寺街是一条南北走向的古街，它原名“天宁寺街”，因街中部有天宁寺而得名。从街头到街尾，都能见到那座矗立了千年的光孝塔。走在这条街上的每一步都像走进了千年的历史中。

寺街全长约 600 米，宽约 3 米，路面由紫红的五山石碎石铺就，街的两边多为粉墙黛瓦的明清民居。因寺而生的寺街，已存在了近 12 个世纪，是南通最古老的街巷。它不只是贯穿街区的南北通道，更是一条最根本的中轴线，整个寺街历史文化街区都由这条老街延伸拓展而来。

这条狭长的只有住家没有店面的“街”，照理应称为“寺巷”的，为何叫“街”

寺街雪后

呢？据家住寺街的国学大师徐益修考证，以前供奉皇帝、皇太后牌位的万寿宫就在寺街深处（今南通中学西部），通州的州官们每月都要经过此巷到万寿宫请“圣安”，大官是不走小巷的，因此就将这条长巷命名为“寺街”，以博口彩。

城中西北片以千年古街寺街为主干，并联结与其平行的官地街、垂直的中学堂街，组成南通旧城西北部的古街区。其东侧延伸有大巷、小巷、三衙墩巷和已拆除的岳家巷等；其西侧延伸有石桥头、育婴堂巷、侯家巷、胡家庵巷、胡家园巷、武胜巷（原武庙后巷）、柳家巷、古郡庙巷、新群巷、礼巷、施家田巷、火场头巷、华山巷（原地藏殿巷）、筷儿桥巷、火场头巷、钩子巷、王家坝东巷、王家坝西巷、已拆除的包家巷……共 28 条街巷。

宋代初年，在通州州衙西，即寺街街区，还设有静海县治，寺街这一带已初具规模。历唐宋元明清诸王朝至今，这里还保留着天宁寺、光孝塔、关帝庙、古郡庙、北极阁、华王庙、谯楼等古代遗存，有贡院、书院等遗迹，以及大量的明清民国民居和近代兴办的诸多名校。这些古今建筑反映了南通城发展的历史脉络，可谓唐宋元明清，一街可尽览。

古老的寺街充满人间烟火

民间文艺爱好者所作墙绘

寺街古街区地处通州城的中心，东近州署，历代为官员、文人、商贾居住的首选地。旧时寺街，名园荟萃，曾有梅花楼、绿荫园、苍翠园、素园、一草亭、芳洲草堂等各式园林近十座，隐逸在寺街两侧的宅门之内，悄然走过多个世纪的兴衰。

民国前后，寺街曾一度成为商业街，两侧设有多种商店，如钱庄、布店、车轿铺、铁匠铺、裱画铺、成衣铺、扎库铺、制鞋铺、点心铺、照相馆、日用百货商店等，后又萧条冷清。不过每逢初一、十五，就有香客到天宁寺进香，逛集市的、进香的熙来攘往，这一天就成了寺街的节日。

一百多年前，寺街侧旁，南通中学的问世，令全城莘莘学子为之神往。每一个清晨与黄昏，有多少孜孜不倦的身影，投射在这条长街的石板路上。走过寺街的每一步，都在向人生的梦想飞奔。

寺街民居

官地街：当年曾有石头记

官地街

在寺街诸多老巷当中，官地街的名字较为特殊，它的得名来自一块神奇的石头。

这块石头天然有“官地”两字，曾被嵌在巷口的墙上，时间长达130年。石头长约60厘米，宽约40厘米，掺有红黄两色，由于组成成分不均衡，石头出现巧然天成的花纹字迹“官地”二字。

据老人回忆，当年巷口之石，淡红褐色的底色上，黄褐色的“官”字很明显，“地”字要模糊得多，唯天阴雨湿的时候才比较清晰。

此石在清道光初年被发现，众人视之为天石，并将其与祥瑞、官绩结合起来。道光八年（1828年），汪棨作诗歌颂州官周焘的宦绩，其中有一首即为《石文现》，其诗序中写道，“公至郡，字特显，天然赵文敏楷法也”。周焘就是为谯楼写《星枢楼记》的那位地方领导。《石文现》诗序中写到这块奇石的去处，“众惊异，砌诸壁”。

1958年拓宽人民路时，拆去了嵌有此石的大聪电话公司的房墙，建新华书店，此石的下落就此不明了，但官地街的巷名仍沿用至今。

官地街与寺街平行，南北走向。南连西大街，北通王家坝。官地街在王家坝中间的一段为麻千户角，因此处原住有明代官员麻胜家九世副千户而得名。

麻胜在明英宗正统元年（1463年）来通。明制卫官世袭，胜九传至裔孙麻琮，世居通州，其世系详见《通州志·官职制·武职表》。此处宅院后为明进士袁九皋后裔所购。

从东面流过来的仓河到西北城脚拱辰桥处转向南再向西，经胡状元府、易武进士宅、保天官瓜三家的后园，再经筷儿桥一直流到王家坝。此南端本有一水塘与市河相通，直达老育婴堂墙根。因市河、仓河均接濠河，通长江，遇潮汛，此处常河水泛滥。明弘治年间（1488年—1505年），州人黄金出私资筑了一道坝，原称“黄金坝”，后误为“王家坝”。

黄金是明监察御使黄河的祖父。黄河是明嘉靖年间的举人，后因屡试不中，发誓不再考，先任滕县教习，后因其学问、品行良好，升官至监察御使。黄河刚正无私，为朝廷查处了不少贪官污吏，以至后来他调任之处，贪官污吏抢先辞官引退。后因他与人共同查办一位皇亲国戚，反被朝廷降职西南。他在西南戍边又立下了赫赫战功，晚年解甲归田，杜门谢客，一心著书。

现官地街81号就是黄河故宅。该处有三进青砖黛瓦建筑，每进三间朝南屋，屋前青砖天井。西院门与另一同为三间朝南平房宅院相连。据《海曲拾遗》载，在州西一铺，曾建有御史黄河坊，曰“两台风纪”。

王家坝西有孝子祠，祀明代夏旸等众孝子，是官府弘扬孝道的场所。孝子祠附设“忤逆所”，为州官周焘于道光年间所建，似乎是本地独有的具有拘押性质的处所，用以惩教不孝子孙。在清代，如有子孙不孝敬长辈，可由父母“告忤逆”。不孝子被关在忤逆所里，每天可由家里送饭，有专人监管，规定天天读《孝经》，进行尊老教育。关了半月或一月，州官认为不孝子已悔悟转变了，

修复后的官地街12—14号

才允许交家长带回，严加管教。关于孝子祠和忤逆所，有通州知州周焘所撰的“记”，录于《民国县图志》中。

王家坝曾有李堂读书处。李堂，字心构，号草堂，康熙、雍正年间人。岁贡，20岁便通诗文，以文品名闻江北，工山水画，尤精指画，为“五山画社”发起人之一。此处曾筑有“一草亭”。

虽然官地街地名里有“官”字，但实际上除明代黄河等，居住在此的官宦之家并不多。近现代，这里先后走出了两位女教育家。一生致力于女子教育的女先生、女子师范校长范北强，出生于官地街71号。她少时在张謇的培养下成长，新中国成立后曾任南通市教育局局长，力推女师与通师合并，将张謇先生开创的两所在全国有重大影响的师范学校合成一家。而官地街73号，则是著名儿童教育家、情境教育创始人李吉林的家。

中学堂街：缕缕书香飘满街

中学堂街

在寺街中段向东，有一条较宽的街道，名为中学堂街。这条街原从岳家桥北头向西，到天宁寺角，在光绪《通州志》上称为“城北大街”。到民国年间，通海五属公立中学校(今南通中学)建立，其门口的这条长街改名为“中学堂街”。

中学堂街东通建设路，西连寺街，南有三衙墩巷。东西长约300米，以紫色的五山石铺地，只有今南通中学大门前那段改铺为麻石板。现中间已铺上平整的人行道板，只有两边靠墙处还留存着乱石铺街的路面。

中学堂街1号为天宁寺，2号为南通中学。路北西头天宁寺占100米，其余大半壁江山为学校位置。只有东边有住家，最东边的一家不知为何人所有，第二家为清代工部尚书、榜眼王广荫住宅。

以前钟楼东面曾有三座壮观的大石牌坊。四柱，短檐，上有"圣旨"竖牌，下有横石匾，是为南通状元、榜眼、探花所立的碑坊。第一座为"状元及第"，是指胡长龄，第二座是"榜眼及第"，即指王广荫。胡状元府和王榜眼府第均在寺街历史文化街区。

尚书王广荫第在州治北，中学堂街东头，大门朝南，门堂内高悬"中宪第"之匾额。进内为一进三堂明三暗五的朝南屋，还有后花园，后为市房产公司所在地。

王广荫出自南通有名的"一门三进士"王家，"三进士"即道光三年（1823年）榜眼王广荫、咸丰二年（1852年）进士王广佑、同治十年（1871年）进士王广福。

王广荫尽管出身官宦之家，但生活清贫，自幼发奋苦读。王广荫榜眼及第后，授翰林院编修，屡典文炳，仍清苦如故。有人劝他申请外放，或可改善境遇。王广荫却说："我二十年穷翰林，不识终南捷径，今转靦颜为此耶？"

王广荫身居工部尚书高位时，竭力举荐林扬祖等六人，又奏请起用林则徐。咸丰元年（1851年）八月，王广荫送宣宗（道光）御容至沈阳，积劳成疾病倒。十二月（1852年2月3日），王广荫卒于官任上，谥文慎。

史载，"王广荫墓在州北四十里，咸丰二年谕祭葬"。2014年6月，通州区平东镇国道村的一家曹姓农户将自家珍藏的"王广荫墓牌坊"捐赠给了南通博物苑。该青石墓牌坊，长约1米，宽0.6米，正面刻写"工部尚书王文慎公墓"字样，背面刻有"大清赐进士及第"字样。

中学堂街的东侧第三家为城北高等小学（原紫琅书院）的大门。第四家是"州后冯家"的大宅子。

冯家是典型的书香门第，家中历来就有藏书，且珍贵图书不少。宅后有座明代所建二层小楼，三楼三底，是冯家的藏书楼，即有名的影岫楼。从此宅后门出去，即为仓河，登船远行可驶往通州金沙镇。当时金沙有个与冯家齐名的藏书家孙谨臣，即后来冯宅业主冯雄的岳父，家有经畬楼，藏书数万卷。

1938年日寇侵占金沙，经畬楼被焚毁。然其所好部分珍本，已事先寄存到女婿冯雄家的影岫楼里。因此，中学堂街的这座楼，藏有两座藏书楼的珍稀书籍。

冯雄，字翰飞，号经齐，学者兼藏书家。毕业于唐山交大，在上海商务印书馆工作多年。他精晓英、法、德、俄、日五国文字，学识渊博，解放后在北京水利科学研究院担任研究员。1958年，因南通中学要扩建，冯雄回通，整理影岫楼内的藏书，一部分装箱运北京自存，另一部分连同经畬楼的十余箱藏书一并赠送给南通图书馆。搬空了的影岫楼，后来成了南通中学的图书馆。

冯家还有位千金冯石麟，南通一解放就参加了革命，后随军南下，调到苏州。她的女儿范小青是一位多产的女作家，江苏省作家协会主席；儿子范小天曾任《钟山》杂志副主编，现任苏州福纳文化科技股份有限公司董事长，是《新乱世佳人》《新江山美人》等电视连续剧的制片人。冯宅很大，虽有一部分划给南通中学，余下部分仍很可观。留有200余年的古树一棵，清代前期建筑五进20余间，可惜于1999年9月被拆毁。

胡家园巷 · 胡家庵巷：状元家在深巷里

寺街北端有两条东西平行走向、路面为紫红色五山碎石铺就的小巷：胡家园巷、胡家庵巷。这两条巷子都是因位于附近的胡长龄状元府而得名。

胡家园巷是一条直巷，全长约200米，东通寺街、西接官地街、南连胡家庵巷、北连筷儿桥巷、华山巷。这条长巷坐北朝南，最初只有三个大门依次排列：最西边的黑漆大门，据坊间传是明太祖所赐姓“保”、封“天官”的保天官第。中间的大门非常罕见，原木色的大门上书有宝蓝色的门联，是清顺治九年进士易象兑、清雍正丁未科武进士易崑的文武双进士宅。最东头的朱砂红漆大门，是清乾隆五十四年的状元、礼部尚书兼户部职的胡长龄的状元府。

当年的北市河从东北水关流入，到五步桥与南来的市河水汇合北流，到西北城脚，从寺街北头的拱辰桥下向西流去，流经胡状元府后院。拱辰桥是明隆庆二年（1568年）指挥使秦鹏所建，胡状元府就在拱辰桥与南边东西向的胡家园巷之间，呈东西长南北狭的长方形。据说这里曾是南宋咸淳年间紫薇书院

胡家园巷

旧址，后为明末南京工部主事包壮行的别业“苍翠园”。著名书画家董其昌为园内听雨楼题过匾额“烟翠雨中听雨楼”，此园即以“苍烟翠雨”而得名。据地方志载：“明包壮行别业在四步井北，又东南‘听雨楼’，今皆为胡南樵觞咏之所，孙长龄就而受读焉。”可见，胡家在包壮行别业原址上建宅为先，胡长龄中状元为后。

从寺街 125 号一直到胡家园 1 号止，为原胡长龄状元府的范围。据其后人说，状元府原本占地四亩，由老宅、新宅、花园、家庙四部分组成。

如今，老宅历经 400 年，新宅也有 300 多年了，基本完好。只是荷花池已被填满，花园内建起了民房，高大的状元宅第内原有的合抱粗的木料，被房产公司拆换成水泥梁。原本只有三个大门堂的胡家园巷，如今沿着院墙共有 22 个门。

与胡家园巷南邻的胡家庵巷呈“L”形走向，此巷原名何家巷，巷内有座庵堂，名福胜庵。胡长龄大魁天下后，为感恩祖先的荫庇，决定在故宅附近建家庙、家庵供奉列祖列宗。胡长龄在拱辰桥的东面买地建好一排三间大屋的家庙后，又将当时年久失修的福胜庵重新修建成一进三堂、五柱七架的家庵，后改名为胡家庵堂，巷名一直保留至今。

胡家园 3 号

胡家园 6 号

胡家庵巷

胡家庵巷 1 号、2 号为两个相邻的大宅院。胡家庵巷 2 号在清朝时为南通有名的诗人、画家蒋震文所有。蒋震文，号雰山，岁贡生，为清代南通有名的诗人和画家。《崇川各家诗钞汇存》对蒋雰山评价很高，说他“兴至作山水一帧，神致闲逸，似元人笔。默坐裁诗，或半日不着一字，及诗成，见者敛手”。蒋雰山宅的后邻为胡状元府，东邻为范进士第。胡长龄在京都为官时，蒋雰山常借其绿荫园招南通书画界文人雅士宴集。蒋雰山之子蒋煜为清代有名的科学发明家，制作出天文科技史上神奇的瑰宝——多功能浑天仪。

柳家巷：古巷遇上近代风

柳家巷

柳家巷位于南通老城城中地区西北片、寺街西南隅，南北走向，长约百米。在其南边，有一条东西向、长五六十米的巷子原为西关帝庙巷，现已并入柳家巷。柳家巷北头有一条与之衔接的东西向、长六七十米的小巷为古郡庙巷（现名新群巷），这条巷子里有当年静海县的遗祀，俗称小城隍庙。

据明代万历《通州志·里巷》记载："西北隅凡五：曰天宁寺街、石桥头巷、西关帝庙巷、柳家巷、二铺巷。"可见柳家巷、西关帝庙巷在明代就已经存在。

被称为说书艺人始祖的柳敬亭大师，是否曾在柳家巷口的城隍庙设点献技？清初南通诗人范国禄作于康熙二十七年（1688 年）的一首七言古风，题为《听居生平话》。范国禄出身寺街范氏诗文世家，幼年曾随其父范凤翼寓居南京，听过柳敬亭说书。这首诗的写作，是听柳敬亭的学生居辅臣说书引起的：由居辅臣而想起柳敬亭，从而抒发怀旧之情。范国禄诗中有这样的名句："我尝掩泪望余西，柳家巷口夕阳低。"

关于柳敬亭，有南通学者考证他的老家在通东余西镇，原本姓曹，指柳为姓的他，崇祯元年（1628 年）曾到通州城内柳家巷城隍庙前说书，一时听者如云，轰动全城。

柳家巷雨廊

到了近代，柳家巷又一次成为风云变幻的舞台。1905 年，张謇认为“小学师宜女子”，与其兄张詧，还有陈南琴、徐联蓁等筹建女子学校，捐输私资购买了柳家巷陈氏旧宅，加以修葺，创设了“公立女子学校”。后因学生逐年增加，“校舍陈旧，不敷应用”，在 1910 年迁入建于市河岸珠媚园旧址的女师新校舍。女师迁出的同年，通崇海泰商务总会迁入，张詧任总理。通崇海泰商务总会协调和维护南通新型工商业的发展，为中国早期有重要影响的商会之一。商务总会有并列西、中、东三排屋，七架梁平房三四十间，中、西每排屋间有回廊相通。中排屋有内宅门厅，朝南三进均为办公地点，西排屋第二、三进为会议厅和议事厅。随着南通经济的发展，总商会的办公用房也在扩大，后将柳家巷 15 号与柳家巷 4 号、5 号连通，三宅同为通州总商会所用，成为张謇早期在南通开展实业活动的重要基地。

由于张謇兴办实业成功，政治影响扩大，南通形成了与其他地区不同的“绅重官轻”的局面，设在柳家巷内的总商会是有超越商业的政治作用的。1911 年 10 月，辛亥革命爆发。11 月 8 日，南通宣布光复。那天，商会曾领衔邀约地方各界人士欢迎上海光复军来通。

光复军到南通的第二天，即在商会开地方大会，成立了总司令部。商会大门上交叉悬挂革命旗帜。1912 年，南通民政分府成立，一并在商会办公。这些机构名义上和商会有别，但由于两方面的负责人和工作人员多有兼职，实际上不少方面已合二为一。后来南通县署成立，迁到原州衙。总司令部及民政分局在柳家巷 15 号的历史使命告一段落。

1920 年，柳家巷商会会址房屋转让出售。商会迁出后，柳家巷 4 号成为江苏银行、南通电报局所在地。5 号则被周家禄之子周坦购买，改建为西式风格的“从好庐”。

二十世纪二十年代后，柳家巷 15 号东三宅为通明电气公司职员宿舍。祖籍扬州的江世俊因在通明电灯公司供职，曾居住于此。1927年军阀混战，其父江石溪因避战乱，带全家来通，其弟江上青、江树峰亦居于此。江上青入南通中学求学，经共产党员顾民元介绍，加入了共青团。柳家巷成为江上青等共产党员、共青团员和进步青年相聚从事革命活动之处。

如今，在柳家巷这片古老的街巷中，矗立着近十幢粉墙黛瓦、南通传统的中式庭院古建筑和错落其中的数幢欧式风格的小洋楼，中西交融。此建筑群历经百年沧桑，至今保存得相当完整。

柳家巷15号至今仍保留着上为拱形的大门，门额刻有“通崇海总商会”几个大字。其主建筑为并排朝南的三宅院，每宅三进，每进三间七架梁屋，格子玻璃窗，室内均为地板、板壁，为清代中后期建筑。每个宅院均有前天井、内花园，天井里青砖铺地，两边砌有花圃，环天井均有内走廊。三进正屋后还有正排的落屋等。

后因女子师范扩大及商会的需要，张謇曾添建平房若干，又在第三宅院主建筑前砌了三上三下的西式楼房一幢。该楼为当年最新潮的水泥楼梯、走廊，铁塑缕空栏杆。屋内铺设上好木质的地板、板壁，方形木窗的窗框上方有环形装饰雕纹。该楼还留有贺形环门和上下石阶的遗痕。这里曾是张詧的办公处。

育婴堂巷：善举延续三百年

育婴堂巷呈东西走向，东首通寺街与中学堂街相连接，西连官地街，南接礼巷，北通侯家巷、火场头，因巷内设有育婴堂而得名。

提起育婴堂，南通人会自然联想到近代教育家、实业家张謇先生，他在推动南通城市建设的同时，创办了包括育婴堂在内的不少慈善机构。但是，寺街的育婴堂巷及其救助婴儿的慈善史，其实早在张謇之前就已存在。

南通办育婴堂，又称慈幼局，从在西南营的原址算起，已有300多年的历史。据清光绪《通州志》载，清康熙三年（1664年）郡人殷茂乾、刘昌祚等率先在州治西天妃宫兴建育婴堂。至乾隆十九年(1754年)，育婴堂已初具规模。

乾隆三十九年（1774年），因原设在惠民坊附近天妃宫的育婴堂“卑隘喧湫，日久颓敝”，通州知州荆如棠亲自筹划新建育婴堂，他带头捐出自己的俸禄，郡人刘士宏、陶双峰、徐大智、陈天培、钱必进等积极响应，踊跃捐款，募得

育婴堂巷巷口

捐款 4000 余金，即在州治西北将原曹军草场改建为育婴堂，将原育婴堂迁址于此，专门收养被抛弃的婴儿。同时颁布育婴规陈，以重金募召乳娘，并将海门所辖东天补、西天补的沙地若干顷拨给育婴堂，所收为日常所用，一度废弛的育婴业重呈中兴之势。育婴堂巷也因此得名。

据光绪《通州志》载，“自建堂至是九十余年，全活婴儿六万余口”。一项持之以恒的善举，在 90 多年中为这座城市救活了六万多条小生命，真可谓善莫大焉。

一生热爱慈善事业的张謇先生接过了这一接力棒。光绪二十九年（1903 年），张詧、张謇兄弟陪知州王劻藏去育婴堂视察。此时的育婴堂，房屋狭小破旧，地势低洼积水，又是东西朝向，冬天不见阳光，夏天被太阳炙烤，屋外垃圾成堆，臭味刺鼻，三人不忍坐视。

育婴堂巷民居

张謇当即决定，另选地点建立新的育婴堂。1906年9月，在张謇的倡导下，南通育婴堂在距城十余里的唐家闸建成，占地24亩，建筑皆系新式洋房。所收养的除了弃婴，还有家庭无力抚养的婴儿。这项慈善事业所需资金较大，张謇与张詧承担了一半以上，此外，张謇还在南通和上海的报纸上刊登鬻字启事，通过状元卖字为育婴堂筹集资金。在启事中，张謇说："我的字虽不足称道，但是，卖字的钱是用来育婴的，这些儿童的性命都绕系于我的手腕。"这片至真情怀感动了许多人，众人一起参与到张謇倡导的各项慈善之举中。

新育婴堂建成后，老育婴堂被废弃，但育婴堂巷的名字沿袭至今。

南通老育婴堂旧址后来新建了"江苏省立南通中学实验小学校"校舍基地。学校停办以后，位于老育婴堂巷的校舍，先后被公立南通中学女生部、女师附小二部、北濠小学、电化教育器材厂所用。

育婴堂巷3号有一父子进士宅。父刘士宏，雍正十一年（1733年）武进士，湖南真庆协镇副将。其子刘伊为清乾隆十七年（1752年）进士，后任湖广松滋、黄陂（鹤山）等地知县。在松滋任知县时，有30多名私盐贩子在押，刘伊经审查，锁定为首盐枭一二人，其余均经教育后遣返。在随州时，刘伊经暗访，得知狱中所关押的“强盗”是因逼供而屈打成招的百姓。后经他缜密侦查，终于将真盗缉拿归案，还人以清白，被百姓誉为“刘青天”。 刘伊还乡后修旧居，名“素园”，又有“香耘书屋”。刘伊性随和，里人中皆与来往，又工书法，求书易应，遗墨民间流传较多。父子一武一文两进士，实不多见。

大巷 · 小巷：江海民居显风情

小巷 13 号

在寺街街区的南端，有两条巷子分别叫大巷、小巷。这两个巷名如今看起来过于简单，其实，两者过去的名称为冯家大巷、冯家小巷，因冯氏家族聚居于此而得名。道光二十六年(1846 年)，冯家将此地房屋售出，举家迁往白蒲后，冯家大巷、冯家小巷改名为大巷、小巷。

大巷位于寺街最南边，是一条东西走向的巷子，西接寺街，向东直走拐一个弯可抵钟楼。大巷宽约两人并行。巷子南面住家的地基要比北面高出许多，凡有门处都有高高的台阶。

大巷的北边与小巷相连。小巷由一条南北走向的主巷与两条东西走向的窄

小巷7号明清民居

大巷人家

大小巷明清民居

长曲巷构成。主巷长五六十米，曲巷稍短些。小巷主巷比大巷还要宽些，两人并行还绰绰有余，其曲巷要狭窄得多，最狭窄处只可一人独行。小巷的两条曲巷都向东直通钟楼。这几条巷子的路面原都是紫红色的五山碎石铺就。

以大巷9号为正门的大小巷明清民国民居群，规模宏大，占地约4600平方米，共十进。寺街与此两巷环抱着的这一建筑群，屋宇高敞，庭院深广，大宅毗连。

十进宅院按序排列，沿中轴线前后分前厅、后厅、大厅、堂屋、正屋、套房、书房、耳房、披屋、厨房、前后门堂、廊屋、厕所，祥门、图门、提闼门、水井，一应俱全。房舍间套有庭院，大小十个，由侧砖铺地，并备有花坛。三幢厅房梁木粗大，空心方砖铺地，黄梅季节不潮湿。屋与屋之间，有回廊相连，下雨天不湿脚。正屋室内四壁贴板壁，铺地板。碎石铺地的火巷，使砖木结构的住宅远离火灾侵扰。

这一民居群外观简朴，内部装饰精美。它既不同于北方四合院，又与江南水乡的园林有别，具有明显的江海文化特色，堪称南通民居的代表。

此宅始建者为南通冯氏家族，原居金沙，世始祖君宝公。至四世景源公“徙郡城之西南隅家焉生”，分门别户为四大宗，其中的西宗世居南通城西南隅，即现在的西南营冯旗杆巷一带。南通冯氏西宗，也就是曾任郧西知县冯鸾这一支。冯鸾不但有官声政绩，还精于医学，有“医官”“神君”之誉。冯鸾后人繁衍成数千人的大家族，冯氏住宅也发展到“州治东南”“州后”寺街等多处。

从现存于大巷 9 号的卖房、典房契约中，清晰可见此明清建筑群的沿袭过程。历经冯、马、徐、蒋、黄数姓，这里已被分割成无数小院子。尽管如此，因为建筑的布局合理、雕刻精美，有着原真性，大、小巷明清民国民居群被列为优秀历史建筑名录。

大巷 3 号居住着达姓人家，为蒙古族。其先祖原姓卜颜不花，元顺帝至正元年(1314 年)，任通州达鲁花赤一职，这一族后改姓为达。迁通始祖为达仲仁。七百多年来，南通达姓已有二十世。大巷 3 号达宅一进五堂，前门原在西大街（门牌为 13 号、51 号），此宅曾为清代州官交替时的临时公馆，清末民初为达姓购居。当时入住者为十五世达金渊，系城南望仙桥达姓一支。

大巷 5 号是当代著名画家冷冰川宅。小巷 14 号，是我国著名心理学家丁瓒故居。

西南营巷：军旅无痕文脉显

西南营这个名称，得名于明朝初期驻扎过的兵营。州志上记载，明太祖洪武年间（1383 年前后），通州在州治东设守御千户所，在州治西南兵营处设军器局。后来兵营历代有裁并，且名号发生变化，只留下西南营成了巷名，后逐渐衍生为这个片区的名称。

江西人王猷定曾为明末进士包壮行宅的石圃撰写《石圃记》，称“其地在

西南营巷民居

城之西南营”，由此推论，明末清初西南营已作巷名使用了。

西南营片最西边有一条巷子，北接旧西大街，沿市河向南，到洗马池再东折到南大街，这就是西南营巷。这条南北流向的市河上，当年有凤凰池、洗马池，自北向南还有展龙桥、玉带矫、凤凰桥、广福桥等四座小桥。如今的西南营街区，因为城市改造失却了市河踪迹。二十世纪五十年代，此地的河与池已逐渐由淤塞至夷平，水流不通，积水纳污，民声抱怨。政府听取了百姓的呼声后决定填塞市河。

西南营巷里，玉带桥畔有明洪武年间刑部尚书李敬宅（清末为刑部部曹陈佩廷宅），有现代名中医喜仰之住过的民国风格住宅。在东边有现代著名电影

西南营印象 包钰绘

艺术家赵丹故居，有清末从韩国流亡来中国的爱国诗人金沧江故居（今为金沧江纪念馆）。

西南营 107 号，在西北一个 20 米深的小巷里，藏着一户明清古宅。其位置靠古玉带桥，最早主人即是明洪武年间刑部尚书李敬。明万历志称李宅“已废”。是否废园后来易主重建，不得其详。光绪至民国时期，此宅的主人是陈南琴。此院既质朴又见华茂，明显结合了明清建筑的风格。简朴是明风，崇华是清乾隆以后的风尚。

陈宅大门堂为五架梁，前后门。两边为屋舍。据附近老人回忆，门堂梁上曾悬三个大字“秋官〇”红漆一匾，秋官者，刑部也。不知是因为陈南琴父亲陈佩廷曾任清光绪朝刑部“部曹”才挂此匾额，还是因为明初李敬故宅的缘故。此匾直至二十世纪五十年代末大办食堂时方毁。

门堂里面原是一进五堂（现在可见三进）。一堂一天井，后面一堂比前一堂高。一进为敞堂，稍低但很气派。门前原存有一对汉白玉鼓石，各雕三只石狮舞绣球(毁于二十世纪六十年代)。天井里铺大方砖，大麻石台阶，廊沿高起，一溜青石，石面雕花。两边走廊，设“万寿”栏杆。两边山墙为双层空心，中填碎砖，冬暖夏凉。梁柱朴素坚牢，柱下为青砖基、覆盆形木础。东西有厢房。东厢房南片为私家花园，原有亭，有游廊，有假山、小溪石桥、荷花池塘等。

假山于二十世纪五十年代初移至劳动人民文化宫。亭基、小桥等犹存残迹。敞厅屋梁正中曾悬光绪时题“昆仑三锡”一匾（与秋官匾毁于同时）。二进为穿堂，同为七檩三开间，东西厢房为木板地。正屋后梁设六扇板门，可开可关，并挂有张謇书赠陈南琴的“勤”字横匾。穿堂直通第三进正堂。正堂房屋明三暗五，高大宽敞，正厅曾设为佛堂并供奉祖位。此屋更见古朴。

陈南琴喜好收藏字画古玩，曾为清朝地方官，归里后支持张謇兴办女师等学校及唐闸育婴堂等。其妻为清咸丰帝师杜受田玄孙女。此宅院可能在陈南琴手上重新整修较多，遗有一些民国时代的北方风格。

东边厢房曾为厨房，并可通于前二堂的东厢房。东厢房曾为中国女排运动员、南通历史上第一位世界冠军张洁云居住。1981 年，中国女排在主教练袁伟民率领下在日本首次夺得世界杯冠军，张洁云是队中的二传手，与孙晋芳、郎平是队友。自她以后，至 2021 年，南通在 40 年时间里涌现了 21 位世界冠军，被誉为“世界冠军的摇篮”。第四和第五进，今已改造易主。

西南营20号还有民国初年所建住宅，“入口门头砖雕采用西式装饰，并与南通地方青砖灰瓦的建筑风格相结合”。原为南通著名世代妇科中医第四代喜海珊、第五代喜仰之故居。

掌印巷：官场文化活化石

掌印巷夜景

掌印巷民居

掌印巷清代住宅

掌印巷 33 号(冯梦龙故居)

掌印巷巷名,始见于清光绪《通州志》。此前一直叫做依莲巷。清康熙《通州志》之前的志书图中,元代定远将军张弘纲的武定祠在依莲巷,而清光绪《通州志》图中,此宅在掌印巷。

掌印巷西端原有明洪武年间任刑部尚书李敬宅,高官掌印成巷名。此巷名确定后,衍生出“掌印”主题的官场文化。自此,凡新官到通州上任,从城西接官厅登岸,必经市河上的玉带桥,穿过掌印巷向东,然后经南大街向北过平政桥,到官衙登座,以取执掌大印、官运亨通的好口彩。

另据前辈回忆，清代地方官在立春前一日有迎春的仪式，知州、吏目、两学官、一税司在通州州衙集中后，登上显轿，前列仪仗，取道南大街，而进掌印巷，经西南营，进仓巷，出东城门，至教场举行仪式，过“掌印”一段最被看重。

掌印巷里靠近惠民坊的东巷口，原有武定祠。南宋末通州曾为江南抗元据点，文天祥从敌营脱险后也是从这里南下的。后来元兵两次攻进通州城，杀人放火，通州人颇恨，民间有“中秋杀鸭子（鞑子）”的习俗，留传至今。鞑子指的就是元兵。后来，元代江阴水军招讨使张弘纲移镇通州 11 年，治军严，不扰民，“练兵以养其死力，抚民以遂其生理，居官勤守已勤，听决之际鞭扑不施”。这是一位“喜读书内外矜式”，有文化涵养的武人，从父禧累战有功，袭万户侯，后远征战死，封齐郡公，谥定远。其子张鼎袭父职，辞不就，居通州 25 年。后由张弘纲裔孙瓒在这里设祠。

掌印巷西巷口，玉带桥畔有明太祖时刑部尚书李敬宅。康熙志云：“以恩荣为坊者……玉带为尚书李敬立。”故此处曾一度名为玉带坊。又云：“玉带桥洪武中造，近尚书李敬宅，故名。”

掌印巷内今 22 号和 25 号两个院子是一组清代住宅建筑群。计一进五堂，东侧为花园。今二门敞厅保存完好，花园已废弃。敞厅面阔五间，为抬梁式和穿斗式相结合的硬山建筑，前后附以卷棚式长廊。明间瓜柱柱头置斗，下端跨梁雕饰荷叶鸟兽纹，雀替做成如意头状，颇具地方特色。二门影壁为方块形磨砖平砌而成，四抹角雕饰花鸟，上方刻制透雕和浮雕 44 幅。这些砖刻画幅，以历史故事和神仙人物为题材，衬以房舍城堡、树木花草、飞禽走兽、云天山水，雕刻精细，形象生动，是南通清代砖雕工艺的珍品，具有较高的文史和艺术价值。

该宅现为南通市文物保护单位。据调查，该宅为徐姓所建。故主有徐兆桂，曾任清乾嘉时饶州知府。

冯旗杆巷：中魁旗杆为谁竖

冯旗杆巷与掌印巷平行，在掌印巷南，南关帝庙巷之北。古代普通人家不能竖旗杆。旗杆民间又称桅杆，上有斗，表示中魁的意思，昔时成双地竖立在

冯旗杆巷

大宅第和宗祠大门前，高四五米至十余米。关于旗杆的设置和规格，缺少专门的记载，从全国现存的旗杆来看，旗杆可分为单斗、双斗两类，中举后可竖带单斗的，中进士后便可竖双斗。

南通老人记忆中的旗杆，一是寺街里李方膺父李玉鋐竖过四根旗杆，李玉鋐曾任福建按察使，他是三品大员。二是冯旗杆巷，但冯旗杆巷为什么竖桅杆，至今还是个谜。有一种说法是，清朝时，巷中有冯姓者居住的老宅，主人为冯梦龙。这个冯梦龙不是明朝写《三言》《二拍》的那位小说家。据光绪方志载，冯梦龙字汉旬，是副贡生；兄梦桂是岁贡生，都是秀才。冯梦龙因子封教谕，因孙封六安知州。其第四子冯洞是乾隆二十四年（1759 年）的举人，任内阁中书，从七品。其孙冯元吉可能官阶高些，门前竖了旗杆，但志书失载。

又一说，明嘉靖三十年（1551 年）郧西知县冯鸾居巷内，门前竖过旗杆，但冯是岁贡（秀才）出身，按说也是与“旗杆”无缘的。冯鸾这一支被称为冯氏西宗，后来人丁兴旺，子孙中有获取功名后竖旗杆的，也未可知。

冯旗杆巷 26 号曾是明代顾姓老宅，史称“凤凰桥顾家”。顾氏一门出过四名进士、六名举人、四名贡士（举人参加中央会试中试者），他们家倒是完全具备竖旗杆的资格，但此巷终究不叫“顾旗杆巷”。

冯旗杆巷 23 号(南通工商联合会办公地点)

冯旗杆巷 23 号庭院

顾家老宅“七檩硬山、明三暗五的敞门，明间为抬梁式，次间为穿斗式，梁架扁作，用材粗壮，覆盆式柱础，构架严密”。1963 年 3 月，古建筑专家、同济大学陈从周教授等在南通名建筑师孙支厦陪同下考察了此宅，当时此宅除顾尔亦一家居住外，尚为濠阳居委会和粮管所的办公用房。陈教授认为它是一座没有一丝改动的明代住宅，是可以与丁古角季姓宅媲美的明代居宅。季姓宅趋向北方建筑的风格，而这所房屋却是苏南风格。1982 年，该宅被列入市级文物保护单位。

冯旗杆巷今 23 号亦为老宅。此宅除保存了结构完整的敞厅、穿堂，正台三进，每进三堂等南通大宅的传统形式外，正台后还有一座江南风格的两层带

冯旗杆巷民居

冯旗杆巷明代住宅

耳房的后楼。此楼木栏窗棂都有生动的雕花，构作精致。此宅的主人，除了前面所说的冯鸾和冯梦龙外，又一说为明嘉靖三十五年（1556 年）进士袁随宅。袁随，初仕即有风骨，能拒绝权相严嵩拉拢。任地方官时，见藩王扰民、乱占农田，他竭力为民作主，并多方赈恤以解民困。升任四川左布政使后，他拒收下属与地方官吏的献金，因而廉声远扬。一次在途中遭遇群盗，盗闻袁随之名，当即放行，并喊："清官！清官！"途经江陵，知道权相张居正在家居丧而不去趋炎附势，终不得大用。

冯旗杆巷 23 号后为南通市工商业联合会办公室。目前正房梁架保存较好（现包在吊顶内），最后一进为一两侧带有耳房的小楼，造工精美，保存完好，堪称西南营之最。

冯旗杆巷今 22 号为清光绪年间当过道台的梁缙卿之宅。梁缙卿后人多为文艺界精英，后文还有详述。梁缙卿第六子梁义山与赵丹等组织小小剧社，冯旗杆巷顾宅是其活动场所之一。梁义山艺名衣衫，不幸游泳溺亡。赵丹专门写了小戏《衣衫之死》来纪念他。

南关帝庙巷：明清住宅入"省保"

南关帝庙巷位于西南营北，因其东端有宋代所建关帝庙而得名。南关帝庙始建于宋太平兴国五年（980 年），原为天王庙，明弘治年间（1488 年—1505 年）拓地改建为关帝庙，有明朝顾养谦题"浩气长存"匾。

南关帝庙与惠民坊，是西南营片区最早有文字记载的根脉所在。

其巷两头各拐弯向南。西侧南端通西南营巷原洗马池。洗马池者，明代兵

南关帝庙巷

营所掘作洗马用。巷内有清末海门厅同知王宾宅，保存尚完好。巷内还有仁巷、蟹壳巷，向北通冯旗杆巷。

二十世纪五十年代，南关帝庙有房屋 11 间，朝南一大间为发角式的关帝殿，朝东为东岳殿。民国初，张謇将东岳殿改建为图书馆，将东岳大帝等塑像移至五圣殿，后来又将五圣殿改建为伶工学社。1958 年，贡献庙产办工厂，庙内神像全部被清理干净，改为韬奋印刷厂的加工场，南关帝庙唯留巷名。

南关帝庙巷东端今 10 号和 11 号为东西两个大宅院，是明清时期建筑，称得上是南通古代民居的典范。1982 年被列入省文物保护单位。这里曾为清光绪年间海门厅同知王宾住宅，民间俗称

南关帝庙巷明清住宅

“海门府”，现已得到保护性修缮。

惠民坊东巷

惠民坊西巷

惠民坊巷：一方地券留地名

惠民坊可以说是南通城最早留下墨书记载的地名。1976 年 5 月，当时为红卫公社新农大队的建闸工地发现木质地券一方，上面有毛笔沾墨书写的文字：“□□国淮南道崇川城内厢惠民坊顾氏九娘，年登八十……”（“购地四至”等地券套语未录，此券为南通博物苑收藏）地券最后署的年份为宋天圣三年，即 1025 年，可以证实惠民坊这地名至少存在了近千年。

惠民坊巷，由朝向西大街的惠民坊门进里，本街区内还有惠民坊东巷和惠民坊西巷。古代的街坊在旧州志中称“街市坊”或“里市坊”，是城市百姓聚居区划的称谓，似于现时的居民社区。明嘉靖《通州志》记街市坊 17 座，明万历《通州志》增加两座，共有街坊 19 座，一直到清光绪《通州志》都保持此数。随着时间的推移，古街坊渐渐在人们的生活中淡出，只剩下惠民坊一座，成为研究通州街坊史唯一的实体。

惠民坊西巷清代民居

明洪武年间（约 1382 年）有天妃宫，供奉妈祖娘娘。清康熙三年（1664 年）移至任港，此地后改为育婴堂。惠民坊西巷东“凤凰桥左”有明古宅院，据说是明末徐大绅宅。惠民坊和惠民东巷相交处，为清兖州同知马遇宅。

惠民坊至今还保留着街坊的基本设置：社和井。社，俗称土地庙，供奉着土地公公和土地婆婆。如今惠民坊的土地庙还存有相连的两进（南通称叠台）有脊的瓦屋。街坊设井，为居民提供生活用水，惠民坊土地庙西北不远处就有一口井，清光绪《通州志》载其名为“惠民井”，至今还能打出白花花的耀眼如银的井水。居民们围井洗汰，这在现代都市的居民区里实属罕见。

二十世纪五十年代初，西南营街区掌印巷、南关帝庙巷通南大街处的巷口都有类似惠民坊的坊门。据通州各州志记载，州治西南有三坊——惠民坊、依莲坊和武定坊，惠民坊在北，掌印巷原为依莲巷，依莲坊便在掌印巷，武定坊在南关帝庙巷一带。西南营街区保留了全部古街坊，并能明确其方位，这在南通又是唯一的。

惠民坊西巷今 1—2 号和 8—10 号原为一大院，专家认为“凤凰桥左”为明末徐大绅宅。其中一部分后由清代顾曾烜购得，为一幢二层小楼。2 号院内，房屋主次结构清晰，都是保存较完好的清代住房，庭院有回廊，石铺小径等，花木茂盛，古色古香。

原房主徐大绅，字起霖，明崇祯贡生，清顺治年间任郃县知县、真定府知府，致仕后购得郡东北珠媚园。到清嘉庆二十五年（1820 年）徐氏后裔徐宗干中进士，为官后廉明能干，常微服侦访，遇民闹事，必问明原委，晓以道理，深孚民望。后任台湾道台期间，有匪众陷凤山攻扑郡城，他奋力击溃众匪，擒首恶，使宝岛复归平安。后迁福建按察使，奉命帮办皖豫军务，又迁浙江布政使，办团练甚力，旋擢升福建巡按，为闽境安宁殚精竭虑，以劳卒于任。

惠民坊和惠民坊东巷相交处，为清兖州同知马遇宅。马遇的祖父马连镳，清康熙三年（1664 年）中武举，后任大河卫守备。马遇本人是乾隆三年（1738 年）举人，为官能尽职守，在仁化任知县，治黠吏，罢扰民矿业；转任顺庆同知，筹赈救灾；改任兖州府同知，遇奸民作乱，主缮军器，昼夜巡逻，以保城全。其子马有章，嘉庆六年（1801 年）参加礼部会试得中第一名会元，殿试为进士。一说惠民坊南巷口原为马遇宅，今已不存。

惠民坊西巷 6 号，有民国杜氏住宅。建筑采用一堂三进式布局，院落错置，富有变化，入口大门，山墙及外墙为青砖，用料考究，雕饰精美，具有代表性。

人来人往，花开花落。时代的车轮滚滚向前，所幸的是，寺街、西南营的这段历史和这片宁静，没有淹没在推土机隆隆的轰鸣声中。

在寺街、西南营的踏访中，我们感受到除了南通城独特的气质和韵味外，还有人们宁静而恬淡的生活。

小巷深处不时传来的方言俚语、叫卖声恰似美妙的韵律，让我们感觉到老城的血脉与精神依然生生不息，还在滋润着这座千年古城。

寺街

胡家园巷

小巷

官地街

南关帝庙巷

掌印巷

惠民坊西巷

惠民坊西巷

翟东平绘

江海乡愁 寻根探秘

——解析南通旧城民居建筑地域特征

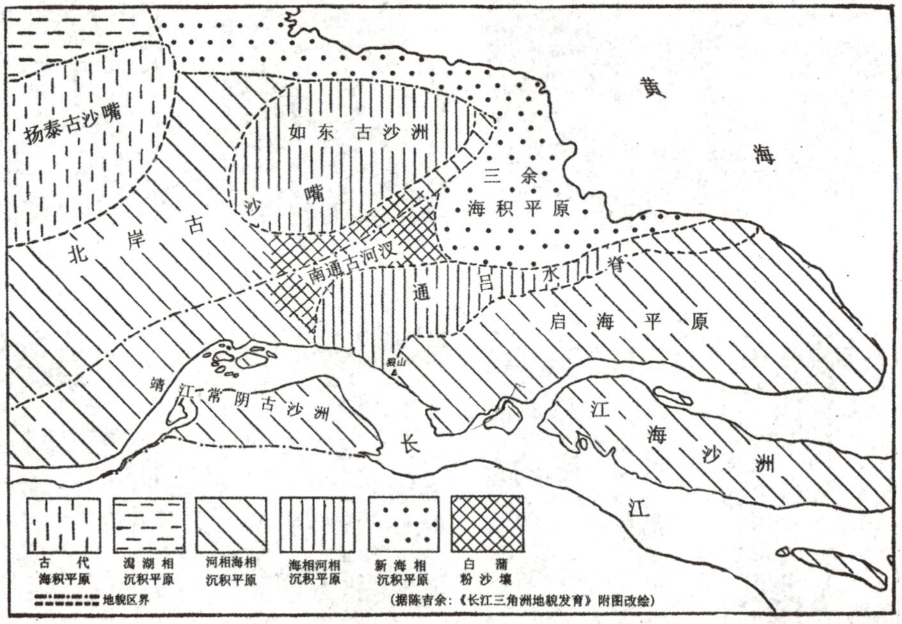

南通地区地貌分区和成因类型图

南通古称通州，于后周显德五年（958 年）始筑土城，已有近 1100 年历史。从地形地貌上看，南边是有天堑之称的长江，东边是汪洋一片的黄海，北面则是属于江海平原的沼泽地带，只有西边才是唯一的进出通道。张謇为钟楼所题联语“江淮之委海之端”便很好地说明了这一地理位置。

这种地貌特征，形似半岛，南通民间称之为“牛角梢”，形象地比喻进去了很难出来，现代人称为“交通末梢”。千百年来，南通偏居一隅，与外界交流较少，直到改革开放之后，南通人发现自己“靠江靠海靠上海”，有了苏通大桥、崇启大桥、沪苏通大桥等过江通道之后，区位优势很快显现出来。

回过头来看，由于地理位置的“偏安”，通州自古以来便是“兵家不争之地”，这也是南通人自称所居处为“崇川福地”的道理所在。正因为历来鲜有战事，城内成片的民居建筑群得以保留，且历代很多传统在民居建筑中得以延续和保留，为研究通州旧城民居提供了丰富的前提条件。寺街和西南营街区，幸运地为通州古城留下了半壁江山，为我们考察通州古民居提供了鲜活的样本。

五山拱北，通州古城好格局

通州自公元958年建城便立有四座城门，分别为东城门天波门，西城门朝京门，南城门澄江门，北城门于宋徽宗政和年间被堵。元顺帝至正十九年（1359年）开始修筑城垣。明万历年间，“通城周回六里七十步”，照此换算，也就两平方公里左右，环城跑一圈，快一些最多也就一小时。

以现在的城市格局看，古通州城应是由现今环城东、西、南、北四条路所围合的范围。如今，我们沿着上述四条马路转上一圈，便是在后周显德五年（958年）所建的通州城基上走过了。

江山门老照片

来恩门老照片

拆除宁波门的情景

北极阁遗址

明万历三十三年（1605 年）为防倭寇侵袭，知州王之城在旧城基础上向南扩建新城。“新城南以望江楼为门，北连旧城东西二便门，跨濠作三水关。”清乾隆年间，社会安定，外患基本已被肃清，新城因城防作用减弱等原因而被废弃。清末，通州城又经过多次修葺，但城隍规模基本完整地保留延续下来。

古城城垣自民国时期逐渐被拆除，整体规模布局发生了较大的改变。民国初年清理了原新城遗址，1949 年后拆除了旧城东、南、西三座城门，市河也被填塞。至今唯有西门城基仍保留有一段残垣遗址。虽城墙、城门被毁，但旧城吊桥、水关遗迹尚存。南通人常以城内“六桥”界定古城范围，民间有言，住在“六桥”之里的才是正儿八经的南通城里人。

这“六桥”包括东吊桥友谊桥、西吊桥和平桥、南吊桥长桥、城北北濠桥，这四座吊桥以内，便是通州城的城门了。除此之外，另外“两桥”便是利用南濠河东西两水关改建的人民公园桥和文化宫桥。

从城池营建角度看，南通旧城城中道路呈“丁”字形分布，州治居中，位于城北部，南北向的南大街为城市中轴线。据测绘资料分析，上述中轴线为南偏东约 15 度，这对于海洋性气候的通州古城来说，采光和通风俱佳，同时也是古代堪舆学和营造学认为的最为理想的方位。

古人独具匠心，依托南大街和南通五山，形成了贯穿全城，直指狼山的绝佳风光。更妙的是，通州城面对五山和长江，且五山排列略呈弧形，狼山正好位居其中，剑山、军山、马鞍山、黄泥山分列于东西两侧，由此便形成了“五山拱北”的上佳格局。

通州自古鲜有兵灾战乱，因而城内明、清民居建筑群基本得以完整保留，经历代修建，旧城内民居古建筑依旧鳞次栉比。

因旧城四角有驻军防守，便有了东南营、西南营、东北营的说法，至于西北角的寺街片区，是否有西北营之称，尚不得知。

从 1963 年到 1979 年，著名古建筑园林学家、上海复旦大学教授陈从周曾三次来通进行古建筑调查，南通博物苑方长元、金琦等专家也多次实地踏勘，并对市区部分古建筑进行测绘、拍照、研究及编制档案，他们发现有几处保存较好的古建筑，数量从全省范围看，仅次于苏州，便有了“苏州第一，南通第二”的说法。

南通旧城虽说规模不大，但城内民居古建能够成片得以保留，实属难能可贵。二十世纪九十年代对老城中轴线以东进行旧城改造，致使除了东北营一小块区域，古城仅留下西北、西南两片，即现在的寺街、西南营两个历史文化街区。

特色鲜明，南通民居有智慧

寺街人家

如今，当我们走进寺街、西南营历史文化街区，放眼望去，街区内建筑大多是平房，二层小楼数量屈指可数，可见南通民风淳朴，不事奢华。虽历来也是富庶之地，然除去少数地主、官僚等富贵之家的住宅比较突出外，城内的民居建筑总体上较为简朴。

旧城民居的高度整体也较为低矮，出檐最低处仅 2.5 米左右。究其原因，一方面是因为南通地区木料有限，另一方面，因为南通地处江海之滨，常年刮风且风力较大，尤其在夏秋之际，经常有台风侵袭，俗话说“树大招风”，加上民间自古就有高不聚财的说法，因此城内民居建筑大多精致。而城内的宗教寺庙建筑，虽较为高大，但常常采用镂空花脊工艺，使大风穿脊而过，确保建筑物牢固、安全，由此可见南通先民在建筑设计方面的智慧。

南通现存古建筑大多建于明清时期，因历史上数次属扬州管辖，民居建筑与扬州、泰州等苏中地区有相似之处。又因南北文化在此交融，从院落格局，细部工艺等方面来看，或多或少受中原文化、齐鲁文化、荆楚文化和吴越文化的影响。

【房屋朝向】

南通传统民居整体较为工整，大多以院落为格局，建筑的朝向也颇具地域特色，多为南北向，鲜有东西向。

一般以“南北房屋，东西围墙”的基本单元形式组合而成，“有钱造座朝南屋，子子孙孙享清福”，对于院内正屋而言，一般都要朝南，若有朝东、朝西、朝北的情况，则是无奈之举。这里所说的朝南，并非真正的朝向正南，而是遵循南偏东 15 度的通州城中轴线角度，一是民间普遍认为除寺庙外，民居建筑正南朝向太“硬”，多有不利。二是南通滨江临海，属海洋性气候，春夏季节多东南风，秋冬季节则多为西北风，祖先们经过长期的观察实践，认定民居建筑以正南偏东 15 度为最佳方位。春夏之季，东南风贯门而入，凉爽宜人；秋冬之时，西北风插缝难进，寒湿无碍；连俗称“秋老虎”的西南干热风对室温也影响不大，可见南通先民的智慧所在。

【布局特色】

从建筑布局看，以大宅为例，官宅大门对面有照壁，用磨砖整块镶嵌成大方形，四周绘有或雕有祥瑞纹饰。如家住寺街的乾隆年间状元胡长龄家则为八字墙照壁，一般民居大门对面则没有。那些设有照壁的大户人家门口地面上一般铺着整块的大青石或麻石。大门的高度和宽度是根据门第高低来确定的。

入户之门是院落的核心要素之一，南通旧城民居大门多为“蛮子门”，对于东西巷道沿线的院落，大门一般位于宅院东南角，开门向南。对于宅院南侧不临街巷的院落，往往也会在自家门前辟出一小段东西向的巷道，再设置一个向南的大门，巷道的一端通过一条纵向的窄巷与主街相连。这种院落格局因形似钥匙，南通民间便称之为“钥匙门”。

讲到这里，您或许会问，要是位于东西巷道南侧的大门朝北的院子，正屋要朝南，该怎么办呢？按照南通传统民居惯用做法，遇到这种情形就采用“倒在寺街“三横三纵”的整体格局中,有数百栋明清建筑。这些建筑均为砖木结构，多为四合院格局，一般一进三堂，大宅一进五堂，采取前堂后寝的布局。庭院内一般有朝南房屋三间，大户人家则是“明三暗五”，即在东西房间的内侧还各有一间暗室，实际是五间房屋。还有的院落为防盗建有暗室、地下室等，这是南通民居的一个特色。

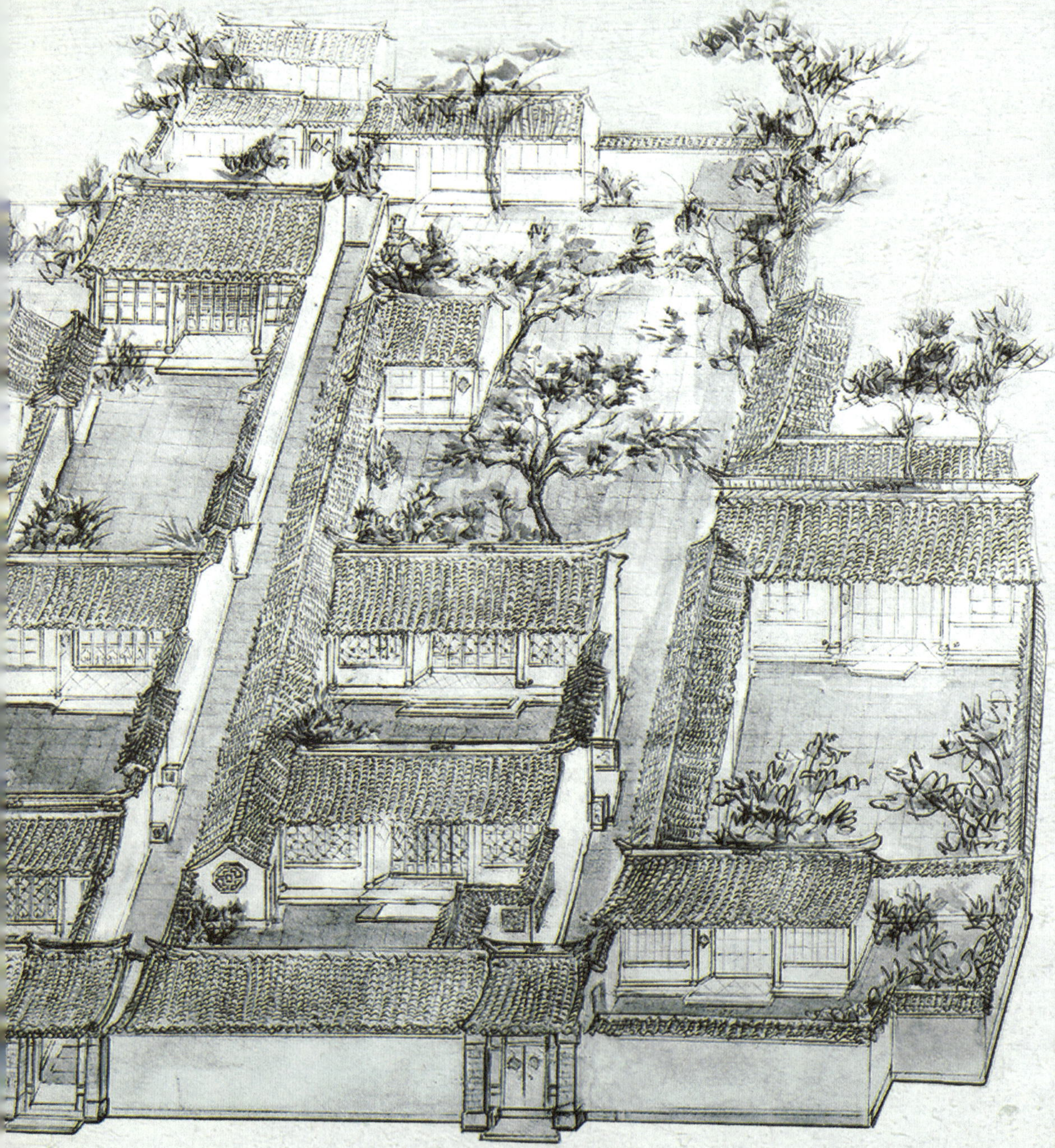

寺街片区典型古民居建筑格局示意图

（根据南通市房管局 1954 年现场测绘图绘制）

西南营片区典型古民居建筑格局示意图

（根据南通市房管局 1954 年现场测绘图绘制）

小院连接成大院，院落组合成群体街坊，简单的单元而多变的组合，千变万化，同中有异。院中青砖铺地，石阶花坛，栽花种草，受浸阴阳之气，生机盎然。

蛮子门（南关帝庙巷）

钥匙门（西南营）

提闼门（冯旗杆巷21-1号）

拔蛇”的办法，即穿过门堂间，原二门前天井改成一长巷，往南延伸至宅院最南端，再在侧墙砌筑“提闼门”，跨入提闼门即步入院内，依次便是朝南敞厅、穿堂，直至正屋等，如此一来，院内房屋就均朝南了。

当然，也有特例，有的宅院大门朝北，正屋朝东。而市级文物保护单位冯旗杆巷明代住宅凤凰桥顾觃予家，大门、正屋都朝北，南通少有，算是例外。

在院落入口的设置上，中上阶层的宅院，一般入口处是一门堂间，大的有十来平方米，小的也就二三平方米。门堂大多临街或临巷，门堂间通外为大门，通内则为二门。大门内左右一般设有门房或账房，二门为四扇，除了婚丧大事，平日里只开边门出入。二门后留有门房，有客来，守门者要先去通报，然后带领客人进去。跨过二门，后有小天井，即二门天井，侧面边墙上开有一门，名为“提闼门”。大门向南，则提闼门向东；大门向东，则提闼门向南，以此避免从大门处径直看到内屋。提闼门是南通当地的俗称，即为进入内宅院落的仪门。仪门门槛一般做得较高，不方便出入，所以门槛常常需要被提起才能通行。“闼”字的本义为“小门”，南通民间将门槛称为“闼”，应是一种夸张的比喻手法，形容门槛较高，像小门一样。位于西南营历史文化街区的冯旗杆巷21号王宅的仪门便是典型的提闼门（见右上图），其门扇高悬于半空约0.6米，门槛分为上下两个部分，下半部分低矮，高约0.2米，上半部分较高，高约0.4米。门敞开的时候便将上半部分移开，关闭大门时再将其放回。

寺街石桥头24号房门漆绘“五子登科”“麒麟送子”

传统民居门口的石墩

大巷9号

所以，这类传统民居由外进内需经过“三重门”，这是南通民居格局的特殊形式，为江南江北所罕见。有人说这是模仿南通旧城城门三重的格局，有人说这与风水相关，对应三元甲子的说法，也有人说这反映了当时倭寇和盗贼盛行，所以用三重门来抵御外贼。究竟是何原因，全凭各自理解了。

除此之外，院内房屋之间，或院落的一侧，通常还留有一条狭窄的巷道，宽 1.2—1.5 米，俗称“火巷”。火巷的另一侧，有的是厢房，有的则是和邻居隔开的围墙，其作用一是通过巷内的横向小门便于邻里及下人平时出入，二是将巷内围墙加高，可做到与邻家隔绝，既避免了邻家失火殃及自身，同时家中一旦失火，家人及细软也可通过火巷疏散撤离。

【组合形式】

南通传统民居院落组合形式一般有独立单元、一路多进、多路多进三种。

独立单元的形式，一般为独门独院的小院落，常见于普通民居住宅，主要建筑只有一座正房和对面一间倒座，中间为天井。

一路多进的形式，旧城有“一进三堂”“一进五堂”乃至“一进七堂”的说法。“一进”可理解为“一路”，“几堂”可理解为“几进”，所谓“堂”，指的是主要房屋。如“三堂”，即敞厅（厅屋）、穿堂（堂屋）、正台（正屋），“五堂”则加上敞厅对面的“照厅”（或称“对厅”）和正台后面的后屋。而对于厢房，

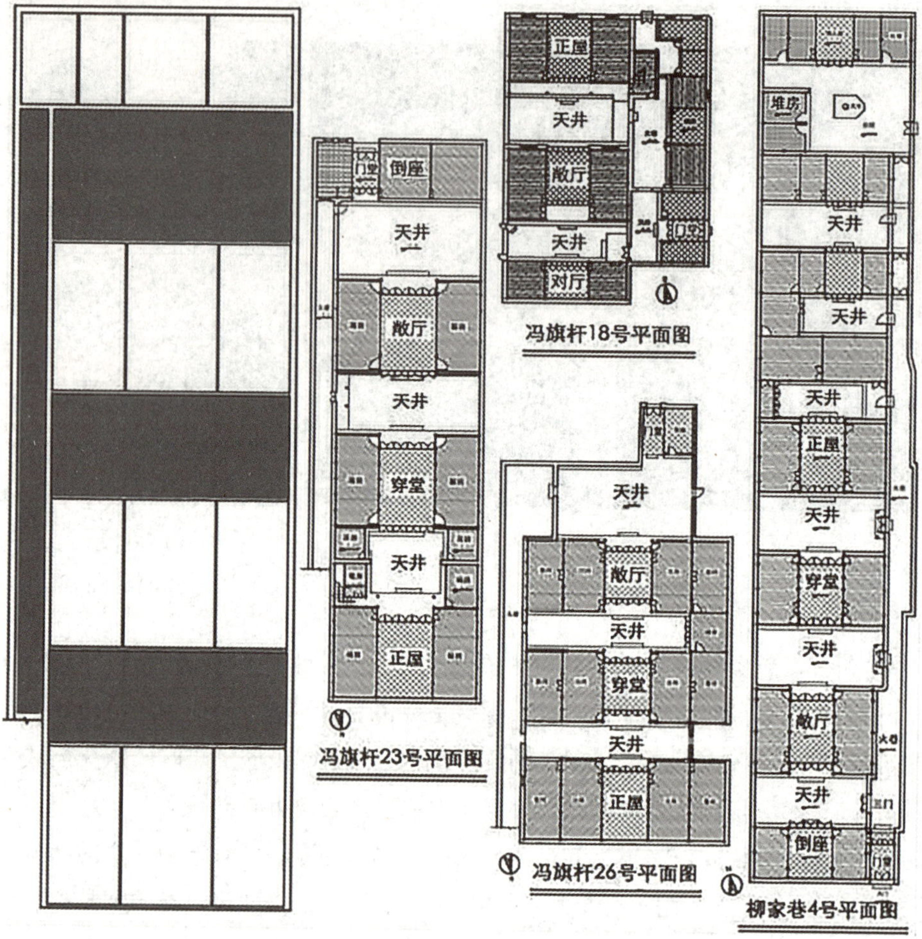

南通民居一路多进形式

大多设置于院落左右两侧，以火巷与主要院落间隔开来。

多路多进的院落由多路院落并列组合而成。在一路院落的基础上不断扩建，形制和规模不尽相同，形成了复合的平面形式。现存比较完整的此类建筑有惠民坊西巷某宅。

【建筑平面特征】

受礼制约束，南通旧城传统民居的厅堂建筑大多为“面阔三间”“进深七檩”。

所谓“七檩”，即进深虽有六步架，但最长的一道梁只能跨四步，做五架梁，前后为单步梁，符合“凡庶民不过三间五架”的规定，现存的市级文物保护单

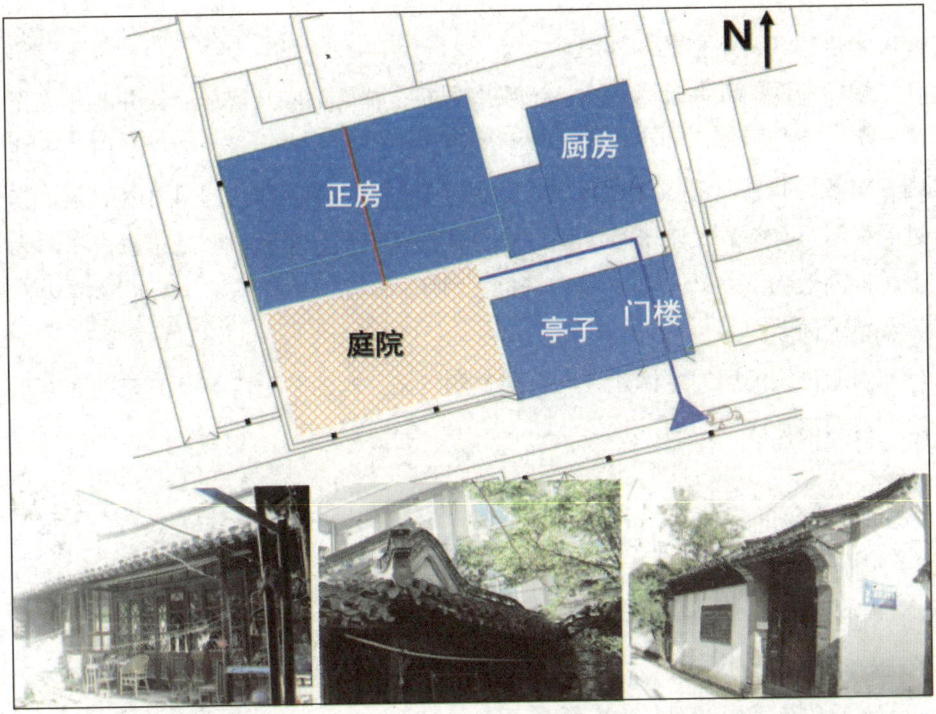

南关帝庙巷独立单元民居(平面图)

位西南营冯旗杆巷明代住宅敞厅便是如此。但冯旗杆巷顾宅并非三间,而是“明三暗五”,即从院内看其外表,依旧是合乎礼制的三开间,但厅堂两侧的次间均为套间,实则五间。南通传统民居中“明三暗五”形制的房屋也不在少数,因建筑体量较一般民居大了许多,也就成了家境较为殷实的一种象征。以最为常见的“三间七檩”厅堂建筑为例,平面格局形式主要有檐廊式(多用于敞厅)、前凹廊式(又名“锁壳式”,多用于穿堂、正屋)、后凹廊式(多用于敞厅)以及前后凹廊式(多用于穿堂)四种。

敞厅建筑最为宽阔,三开间大厅,专门用来招待宾客。中间没有隔墙隔板,或用可以装卸的隔扇,或用可以移动的屏风,或者全都不用,只用宝座椅和茶几分隔空间。中厅屋顶有匾额悬挂,两边挂有四字榜书,当然一般老百姓家是没有的。中厅下面安放条几,一般长达三四米,两边放高花几,条几前放大方桌两张,方桌两侧放宝座椅,这是主宾座。敞厅前面是走廊,走廊前边有栏杆。敞厅前面为“批梳门”,后面有“图门”,均为六扇。从大门到敞厅这一空间主要用来接待宾客，称之为外宅。

敞厅前面的天井最为宽大，一般用方石、整砖铺成几何形。天井北边如无倒座房，而是围墙，则往往在围墙前栽种绿植，造一方小景。敞厅后面的天井则相对较为狭窄。穿过这一天井，便到了第二进“穿堂”，是到内屋即正台穿过的房屋。有些居民院落较小，自然也就没有穿堂。穿堂后面是正屋，东边为上房，西边为下房。一般也是三开间，“明三暗五”的也不在少数，这样内房就宽敞了许多。

南通传统民居的主体建筑，有的宽阔气派，有的狭小简陋，但无论大宅小院，基本都是这一格局。

【建筑立面特征】

南通传统民居院落从立面上看，通常门屋高度最低，敞厅和穿堂高度相差不大，但后者檐口普遍高于前者，正屋则是这个建筑群中最高的，有“节节高”的良好寓意。

南通传统民居屋面绝大多数是硬山式结构，少数像戏台、台榭等建筑采用歇山式。

南通传统民居房屋两侧的山墙多用硬山，且墙面一般不开窗。清末民初之后的建筑多采用观音兜的建造手法，且形制上有别于传统观音兜形制，极具南通近代建筑地域特色。

南通近代传统民居山墙

南通传统民居正立面和背立面也是形制多样。在此，尤其值得一提的是背立面“不开后窗”和“实汰封檐”的做法。南通旧城传统民居一般不开后窗，据说是因为惧怕“穿堂风”，遇到大风天气，会对日常起居带来诸多不便。另一方面，南通地区冬天较为阴冷，早春更是寒湿难耐，不开后窗有利于屋内保暖。再加上南通民间认为开后窗会导致财气散、家运败，这其实也有担心盗贼破窗而入的顾虑，所以旧城内除了四周围以高墙的深宅大院，一般民居极少有开后窗的。

“实汰封檐”是指房屋后檐木椽不外露，檐口用砖石石灰砌实的做法。旧时民间建造房屋，很注重防火避灾，“实汰封檐”的作用之一便是如此。当然，这种讲究的工艺一般只用于商贾之家及官宦之后的房屋，斗升小民就不敢奢望了。

上图 冯旗杆巷明代建筑的内部结构

下图 南关帝庙巷明清住宅俯瞰图

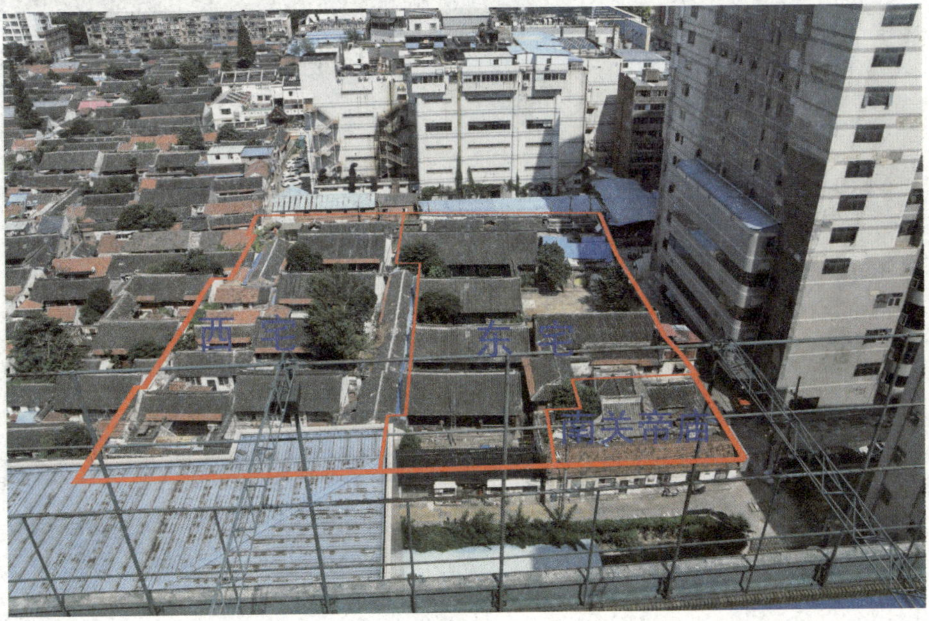

寺街石桥头 27 号

礼巷 12 号人家

礼巷民居局部

由民居改建的时尚小店

先贤俊彦 栖居于此

——探访寺街西南营名人故居

千百年时空交错，多少代世事更迭，在淡淡的流逝中，如砂轮般无情的时光磨平了多少记忆的痕迹。通州古城当年那清幽淡远的低吟浅唱、那细细微微的岁月章回，都已散落在历史的尘埃和漫长的寂寥中了。

遥想当年，在寺街、西南营历史文化街区里，曾集聚了一代代硕彦名儒，衍生出一个个诗文世家。深厚的家族文化底蕴，以名人故居的形式存留下来，成为城市里生生不灭的文化景观。

顾养谦旧宅：戍边奇才衣胞地

顾养谦（1537 年—1604 年），字益卿，号冲庵，南直隶通州（今江苏南通城区）人，明嘉靖四十四年（1565 年）进士。

虽是以文入仕，顾养谦的一生却是戎马倥偬，他曾多次率兵在浙江、广东、福建、云南等地剿匪、平叛，被认为是能与戚继光比肩的文武双全的将领。顾养谦去世后被朝廷追封为兵部尚书，南通有“勋名第一顾尚书”之说。

顾养谦像

万历十三年（1585 年），顾养谦出任辽东巡抚，后又擢任为蓟辽总督，兼任经略，打理朝鲜事务。作为镇守辽东边关的重臣，

现存南通博物苑的珠媚园美人石

老天宝银楼往西至新华书店一带为顾养谦故居原址

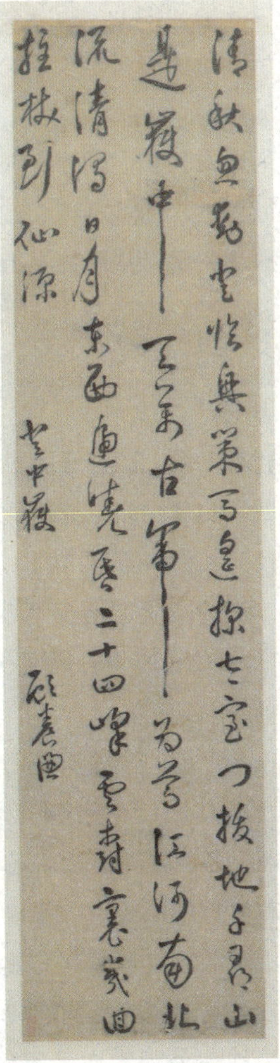

顾养谦行草《登中岳》立幅

顾养谦最先察觉出努尔哈赤的政治野心。万历十五年(1587 年),他上奏说 :“努尔哈赤益骄为患”，这是明代史籍里第一次出现努尔哈赤的名字。

此时的努尔哈赤势力刚刚抬头，只有“骁骑”数千人马，顾养谦以超前的眼光看出他是一个危险人物，上疏朝廷全力剿灭，免得养虎为患。可惜顾养谦的上奏未能引起重视，致使努尔哈赤兵力日盛。

顾养谦胆识过人。有一次，他巡视边塞，听闻大雁叫声有异，判断有敌兵出没，派兵出巡，发现敌兵果然已临近城下。顾养谦下令在小凌河安营扎寨，大开寨门，坐于伞下，与众将士谈笑风生。敌酋见状不敢进攻，以为有伏兵故退去。当时在场的明军个个吓得面无人色，顾养谦却挥洒自如，上演了一出明版《空城计》。

作为地方长官，顾养谦还十分体恤民情。有一年，辽东一带发生水灾，老百姓无以为生，他就奏请朝廷开放海禁，让老百姓与日本、朝鲜通商，同时以平价米赈济灾民，从而使七万多人免于饿殍之灾。

顾养谦虽有戍边奇才，“国家边方”又“正多事”，无奈与朝中握有大权的公卿不合，在万历二十六年(1598 年)被罢官。顾养谦由此慨叹 :“嗟哉功未成，十二金牌至。”

退居家乡后，顾养谦拒见旧部，不言边功，只在城北盖起一座“山楼水榭胜甲一城”的珠媚园。此后，或与友人吟诗论文，或于书斋静心著书。顾养谦是一个极其风雅的儒将，其书法遒劲利落，不落窠臼，绘画亦有东晋顾恺之遗风。

顾养谦的文学造诣也不容小觑，著有《冲庵顾先生抚辽奏议》《益卿诗文全集》等，参修《通州志》，现在狼山还遗存着他所撰的《重修狼山寺记》和《重修狼山藏经阁碑记》。

现存于寺街的顾养谦旧宅为其衣胞之地，昔日大门位于西大街（今人民中路）的西半边，主体建筑在柳家巷南。那一带，原有“顾半街”之谓，是正三进、两厢又各三进兼有后院的大宅子。

随着岁月的流转，顾养谦家族逐渐式微，其后人将老宅转让给了光绪年间任刑部主事的顾曾灿及其兄顾曾煜——这一支顾姓是顾炎武的同族，于明末从昆山迁来，这个家族在南通曾留下过“父子、兄弟、叔侄同登科”的佳话。

顾曾灿住处后为次子顾仲敬所有。顾仲敬早年肄业于圣约翰大学，1917 年创办中英学塾，后定校名“私立崇敬中学”，这所学校曾走出过赵丹、钱千里、朱今明等载入中国戏剧和电影史的杰出人才。1952 年，崇敬中学改为公办，更名为“南通市第三初级中学”（今实验中学），顾仲敬任校长，直到 1963 年逝世。顾仲敬长子是国内著名导演顾而已，次子顾尔谭曾担任江苏省作家协会副主席。

从 1958 年起，顾养谦故宅屡遭拆除，目前，仅留下柳家巷内一排，后为顾曾烜后人所有的正堂屋。

胡长龄故居：状元少时读书堂

胡长龄 沈启鹏绘

“我家小筑城之北，细水春流直绕墙。行过石桥西畔去，丛篁深覆读书堂。”

在离家多年以后的某一天，胡长龄忽然想起了故园的春色，于是即兴写下了这首题为《家园杂忆》的七言绝句，以怀念他的衣胞之地——那个位于千里之外南通寺街上的故居。

胡长龄的出生地在今天寺街 126 号，这是一座明代建筑，距今已有 400 多年历史。乾隆五十四年（1789 年），胡长龄大魁天下得中状元后，按照惯例修建了状元府，从而将宅邸延伸到了今天的寺街 125 号和胡家园 1 号。

虽说是状元府，其实，老宅、新宅加上花园、家庙，总面积也不过区区 4 亩。新宅为清式硬山顶飞檐结构的青砖瓦房，较周边普通民居略微高大宽敞一些。朝南的大门上饰以竹片拼接的几何图案，并用铜钉钉实，以红漆髹刷，门框为黑色，整体显得庄严稳重。大门外有两只石狮，对面为八字墙照壁，大门与照壁间辟有一方麻石铺就的开阔场地，这是供宾客停轿驻马的场所。

当年在修建状元府时，官府曾打算征用南边范家的宅地，以建成前宅后园的传统格局。但是，胡长龄坚决不同意损及邻居的利益，故而那座不甚规整的花园只能局促地建在新宅的东边。

胡长龄故居

胡长龄为官清廉，并无余钱添置田产，也无暇修治庭院，只是在嘉庆初年回乡丁父忧时，将几已荒废成菜地的一方小园略加整修，是为“绿荫园”。胡长龄孝服期满便又去了京城，以后到各地任职，很少回通居住，但鸟语花香的绿荫园却成了一方胜迹，为南通的文人雅士所推崇。

作为南通城里出的唯一一位状元，胡长龄从小即才思过人，九岁便得中秀才。据说，乡试那天，因为个子太小，胡长龄是骑在父亲的肩膀上进考场的。主考官见此情景不屑地说道：“将父作马，岂能应考？”不料，胡长龄当即回应：“望子成龙，有何不可？”在场者无不为之惊诧。

胡长龄考中状元以后，按规矩应向内阁首席大学士执门生礼，而当时的首席大学士便是臭名昭著的和珅。胡长龄深知此人贪赃枉法，所以不愿与之结交，和珅对此十分恼火，让他在薪俸微薄的翰林院修撰任上蹉跎了将近十年。

和珅倒台后，胡长龄凭着自己的正直、廉明和精干，终于得到嘉庆皇帝的赏识，官职逐步提升，最终位及礼部尚书。身居高位后，胡长龄更加勤勤恳恳、兢兢业业，终因夙兴夜寐、操劳过度而累垮了身体。嘉庆十九年（1814 年），皇帝批准了他的请求，让他回乡休养。可是，重病缠身的他却在归途中，病逝于山东临清的船上，终年 57 岁。

胡长龄虽官至尚书，但一生清廉，身无长物。时隔数百年，唯有家乡寺街上遗留的那几进老屋，似乎还在诉说着当年的风采——绿树映水覆为门，关山细雨几消魂。

李方膺故居：梅花楼里暗香浮

梅花楼 丁鸿章绘

清康熙至乾隆年间，江淮一带出现了几位颇具个性的书画艺术家，与前人相比，他们的作品似乎有点不合“规矩”，并且还很有自己的特点——这一群人就是“扬州八怪”，南通人李方膺便是这个群体中的一分子。

李方膺于 1695 年出身在寺街的一个书香门第，字虬仲，号晴江、秋池。其父亲李玉鋐为康熙四十五年（1706 年）进士，曾官至福建按察使，是一位体恤民情的好官。

以父亲为榜样，青年时期，李方膺就把“奋志为官，努力作画”预设为自己人生的两大目标。但是，李方膺的仕途并不平坦，虽先后六次担任州县官，却因刚正不阿的品行屡屡得罪上司，仕途坎坷。

雍正八年（1730 年），李方膺因“贤良方正”被举荐为山东乐安知县——这是他首次入仕。当年夏秋之际，乐安大水，情势急迫，在未得到上司批准的情况下，他下令动用库存皇粮 1200 石，以工代赈，募民筑堤，缓解了灾情。他因此遭到弹劾，幸有河东总督田文镜力保，未蒙处分。雍正十年（1732 年），李方膺因功升任莒州知州，亦为百姓办了不少好事，当地人称赞他“廉明仁恕，果、达、艺三者兼之”。

三年后，在兰山（今临沂）知县任上，因反对新任总督王文俊的垦荒令而触怒上司，被罢官入狱，酿成了震惊朝野的“兰山冤案”。因为深受百姓爱戴，

李方膺故居

李方膺入狱后，百姓纷纷自带鸡黍米酒前往监狱探视。狱吏不许见，百姓就把带来的钱物、食品往高墙里扔，留下的酒坛把监狱的大门和甬道都堵住了。

出狱后，李方膺又先后任安徽潜山知县、合肥知县，但终因不善逢迎，导致仕途失意，被罢免官职，宦海生涯就此结束。仕途的中绝，对李方膺的书画艺术来说却是件好事。正如好友袁枚诗云：“人夺山人七品官，天与山人一枝笔。笔花墨浪层层起，动摇春光千万里。”

李方膺远离官场后，没有因此一蹶不振，相反他在绘画上得到了很大的自由，他的作品达到了一个更新更高的艺术境界。

李方膺被罢官后寄居金陵（今南京）项氏借园，自号“借园主人”，常往扬州卖画以资衣食，他在晚年有诗云：“我是无田常乞米，梅园终日卖梅花”，画上也常钤“换米糊口”之印。

他后期的作品墨气淋漓，别开生面，颇为时人推崇。他画竹，笔墨纵放，苍劲矫健，时出新意，风格独具，超出前人。他题风竹的诗更是豁达大气：“自笑一生浑是胆，挥毫依旧爱狂风。”题画松诗云：“如君已赋归田去，肯复低头事大夫。”画和诗都在为自己写照。他不仅画风竹，还画风松，他画的不是轻风，而是狂风，狂风中不屈服的竹和松。这在他以前的画家作品里几乎是没有的，他为此也自矜：“画史从来不画风，偏于难处夺天工。”这也正是他的一种风骨。

在南通，李方膺的住所是今天的寺街31号，另外，在29号还曾有一个较大的花园式庭院，这里遍植梅树，为此，他曾留下“故园好种梅三十，雪夜寒窗读父书”的诗句。在庭院的南侧，原有一座两层小楼，因为李方膺最喜爱梅花，也最擅长画梅花，所以这幢楼便名为“梅花楼”。

他晚年专攻寒梅。写梅纵横跌宕，以雅逸、古朴见长。他笔下的梅花强悍地表现出清高、倔强、愤懑，正如他所作的梅花图题图诗所说：

“天生懒骨无如我，画到梅花便不同。最爱冰枝长且直，不知屈曲向春风。”

郑板桥评价他的梅花，说他是“领梅之神，达梅之性，挹梅之韵，吐梅之情”。

当年，梅花楼楼檐四角悬挂铜铃，微风拂过，阵阵悠扬的铃声便会在寺街上空飘荡。环楼遍植的梅花，乍暖还寒时候常有暗香浮动——这就是李方膺当年吟诗作画的地方，也是当年文人雅集的去处。遗存的史料显示，扬州八怪中曾经到访此处的就有郑板桥、李鱓、黄慎、罗聘等人。

乾隆二十年（1756年）秋，客居南京的李方膺因病回到故乡，于当年九月初三在家中与世长辞。临终前，李方膺拖着沉重的病体做了两桩事：一是写信给他的好友，当时的文坛领袖袁枚为他撰写墓志铭；二是在棺木上写下了自己一生的遗憾："吾死不足惜，吾惜吾手。"

李方膺归葬于城西北的十八里河口李氏墓园。他去世没几年，因其妻陈氏乐善好施，其子李霞亦不善治生，李家不得不卖掉寺街的房屋，移居北郊钟秀山附近。梅花楼后为进士王尤所得，如今，王氏后人仍居住于此。

易氏文武进士第：文武之道尽在此

位于寺街胡家园 3 号的是清顺治九年（1652 年）文进士易象兑、雍正五年（1727 年）武进士易崑的宅第。

据记载，易氏祖籍江西，其先人为姜子牙后代，因受封易水而得姓。明初为避匪患由江西迁至海门，后海门塌陷于江，又分迁至金沙、西亭和通州。初来时甚是艰难，直至六世后，易氏家族才开始"饶裕"，遂培养子孙读书习武，志在成为耕读世家、书香门第。

易氏文武进士宅

易象兑为易氏在南通的第九世孙，入仕后曾任浙江崇德、石门知县。他“下车即亲庶政，察民疾苦”。在其任职期间，当地物阜民丰、一派祥和。百姓称他“贤哉，父母”，甚至希望他永远留在当地为官，“则幸矣”。

由于石门县地处交通要冲，迎来送往各级官员不断，县衙开销逐年增高，以致“正供难于输转”，易象兑对此忧心忡忡。但是，他又不愿意加重老百姓的税赋，于是决定辞归故里。听说易象兑即将离去的消息，百姓们围住他的木船，大声哭号，却未能留住这位清官。最终，易象兑“清风两袖，洒然自得”地返回家乡，15 年后与世长辞。

易象兑的曾孙易崑中武进士后，初司职直隶省守备。在官场舞弊成风、漕运短粮事件层出不穷的情况下，易崑亲自率部押送运粮船，一路护送到塘沽（今天津），分毫不差。不久，易崑升为江西建昌营游击，因治政有方又升为四川永宁营副将。当时四川的社会治安极差，土匪、流寇遍及各地。上任后，面对军队凋敝、士卒疲沓的状况，易崑“修复而训练之”。随后带领军队跋山涉水，肃清大小匪寇无数，从而使市井秩序恢复，百姓重获平安。后来，易崑又升任广东罗定协镇署、潮州总兵等职。

因易崑镇守边关功绩显著，乾隆十六年（1751 年），皇帝特颁诰命荣封其三代：赠封其祖父易为瑚为“武功大夫”，其父易知栋为“荣禄大夫”，授其本人为“骁骑将军”。南通天宁寺至今还存有易崑的功德碑。

易氏文武进士第坐北朝南，范围东起胡家园巷最东端，西至胡家园巷 3 号西围墙外，北至北城河边。当时，易宅北围墙外至北城河边有一片竹林，加上南面的练武场，占地面积约 14.5 亩。

数百年的风风雨雨，易氏一门几经沧桑，大部分房屋典与他人，至今仅剩下胡家园 3 号的三进房屋自住。

易宅为典型的明代建筑，青石台阶，青砖天井，雕花门窗，月亮板壁，古色古香。原进士府大门高大、威武，在现胡家园 3 号大门的东侧。据其后人说，大门的颜色与南通一般大门不同，为原木色，门上楹联为宝蓝色。

后来，从易氏文武进士第走出的名人还有：近代语言学家、教育家、慈善家易作霖，保护电厂迎解放的电气工程师、原市人大常委会副主任易企衡。

诗文世家范氏老宅：薪火传承十三代

范家客厅

寺街西侧塞巷尽头的123号为诗文传家十三代的范氏老宅。

南通范氏，为北宋名臣范仲淹后裔，祖居苏州，后因战乱各自云散，其中一支于明嘉靖年间迁至南通，成为通州范氏始祖。其后代薪传火继、人才辈出，为南通名门世家。

从这个大门里走出的范氏诗文世家的起点人物是范应龙，其为明万历二十三年（1595年）贡生，曾任山东庆云县令。史料记载，此人生性仁慈淡泊，秉承儒家“达则兼济天下，穷则独善其身”的处世原则，盛世则积极投身社会，力求有所奉献；而一旦理想无法实现，则退隐山林，清流自守，以保全自身人格的完整。他“少有文名，为学者所宗，诸生门下者可二百许”。

从范应龙开始，范氏诗文在通州有了最初的影响，其后代作品则随国运之动荡，波澜起伏，绵延十三代而未绝，并出现过几次高潮，实为中国家族史和文学史上的奇观。

第一个高潮为范凤翼、范国禄父子。范凤翼是范应龙的第三个儿子，明万历二十六年（1598 年）中进士，任国子监助教。明万历三十一年（1603 年），为东林中坚、吏部侍郎杨时乔赏识，调任吏部主事升员外郎。明万历三十六年（1608 年），东林中坚孙丕扬任吏部尚书，重用他为考功司、文选司郎。

范凤翼在任上揭发贪官污吏数十人，后因其举荐的顾宪成、高攀龙等 100 余人成为震惊朝野的东林党魁，受到阉党弹劾，被“削籍为民”，并“追夺诰命”。自此，在东林党人的悲歌中，这位被称作“东林眉目”的范凤翼称病辞职，退隐故里，自筑“退园”以明志。

崇祯三年（1630 年），范凤翼寓居扬州、金陵等地，结兰社、白下社等诗社，由此成为东南文坛领袖。至崇祯十三年（1640 年）九月方回归故里，有《范勋卿文集》《范勋卿诗集》《楚辞解注》《历代诗选》传世。

范凤翼之子范国禄，时人称其为“翩翩浊世佳公子”“江东第一才子”，不到 20 岁“即以诗文鸣于海内，著述之丰堪称邑中之最，为通州诗文之冠”。他与《桃花扇》作者孔尚任、《池北偶谈》作者王士祯均有来往。

范国禄虽“以诗闻于当朝”，但是，生不逢时的他却因为“文字狱”而无法在原籍立足，不得不远走湘、赣、鲁、冀等省避祸达十年之久。就在这样艰

范氏诗文选

范氏老宅

范家庭院

难的环境下，他在诗歌创作上仍然取得了很高的成就，著有《十山楼诗》《十山楼文稿》等，成为继范凤翼之后又一个有着重要影响的诗人。

此后，范氏诗文历经200多年，至晚清时期，执著、强烈、自觉的家族文化传承终于厚积薄发，形成了范氏家族第二个诗文高潮，其代表人物为范伯子（又名范当世）。范伯子诗文水平极高，当时文坛巨擘陈散原称有“瑰异之气”，甚至认为自苏东坡、黄庭坚之后无此奇才。范伯子的妻子姚倚云是桐城派领袖姚鼐的后人，他们的女儿范孝嫦，后来嫁给了陈散原的儿子陈师曾。

范伯子之子范罕，早年留学日本，后来在厦门大学任教，曾与林语堂、鲁迅等人共事，亦善作诗文。范罕的孙子，则是当代著名学者、诗人、书画家范曾——范氏诗文世家至此已传十三代矣。

南通范氏诗文经过漫长的演化、补充和丰富，形成了特有的诗风、文风，积累了深厚的文化意蕴和历史内涵，从中不仅可以看到一个家族的兴衰，更可以看到中华民族艰难跋涉、奋发前行的缩影。

今天，历经沧桑的范氏老宅依然静静地伫立在寺街深处，一井三堂、五柱七架，为典型的南通明代建筑。老宅的大门堂朝南，上方挂着“天官第”“进士第”两块光绪时的匾额。穿过门堂走进院子，正堂屋上方挂着一块更大的横匾，匾上的“孝子”二字很好地诠释了这个绵延近500年的家族“忠厚传家、诗书继世”的奥密。

如果从空中俯瞰范氏宅院，院中的水井与不远处的光孝塔恰似一方砚台旁竖着一枝如椽巨笔——这样一方宝地，孕育出了范氏“一门两进士，代代出诗人”的传奇。

湖南布政使王藻旧居：名臣回乡纂诗集

1787年，王藻出身于南通城内一户殷实之家，其父王宏士宅心仁厚、乐善好施。乾隆十五年（1750年），南通大灾，饥民遍地，黑心粮商趁机将粮价提高到原来的十倍，而王宏士却将自家粮仓的积谷低价出售，救活了无数灾民。

生长在这样的家庭，王藻自幼便有仁爱之心，加上学习勤奋，终于在道光二年（1822年）考上进士，后任礼部主事、礼部员外郎，还曾任云南副考官、会试同考官。道光二十年（1840年），以湖南布政使（从二品）之职掌一省之

王藻晚年迁居寺街

行政，统领湖南省民政和财政事务。他办事公道，不避嫌怨，又“临事勇断，官吏惮威”，为清代名臣。

太平天国时期，年近七旬的王藻从湖南任上回到南通，经其门生两江总督何桂清推荐，担任通州团练局总董，奉命办理团练防御太平军。为了提高战斗力、树立军队在老百姓中的威信，王藻不但“选募壮勇”，加以严格军事训练，而且还从严治军。那时候，太平军掀起的狂飙已经席卷人烟稠密、经济发达的长江中下游地区。王藻率领团练在沿江布设防御工事，并阻断了江上的交通，从而使南通沿江防线固若金汤。

王藻对南通的地方文化做了很大的贡献。他曾花大量心血与资财，编辑刊刻了南通历史上第二部诗歌总集《崇川各家诗钞汇存》。该集收录了宋、元、明、清南通 321 位诗人的近 9000 首作品。这部 69 卷的煌煌巨著保存了大量地方文献，是研究地方文学史的珍贵资料。此外，王藻还根据仕途见闻编刻了文献资料集《国朝文献征存录》，清代著名人物尤其是文学家的资料在这里基本都可获得，为学界所重视。

王藻本人著有《恩晖堂诗集》《恩晖堂时文》《恩晖堂帖体诗卷》等，其中，《恩晖堂诗集》为中国国家图书馆收藏。王藻在书画方面也颇有建树，其国画作品《远景江南》《松筠并茂图》等曾在国内外公开拍卖。

道光十三年（1833年）礼部会试，王藻担任同考官。他慧眼识才，与阮元一起推荐了安徽大学者俞正燮。想不到“素讲宋学，深疾汉学之迂诞”的主考官以一己之好，将人品才学俱佳的俞正燮排斥在外。王藻很为其不平，却又无能为力。为了表示安慰，他亲自为俞正燮的学术名著《癸巳类稿》作序，并集资刻印，于1836年刊行。可见，王藻还是一位爱惜人才、重感情、讲义气的长者。

王藻晚年居寺街，“陶情丝竹，宾从杂迁，终日无倦容”。据考证，王藻旧宅应为今天寺街113号到胡家庵5号的一大片区域，中间有花园，后花园部分被房产公司增盖了住宅，因此，老宅子被分割成了两部分。

王藻第十三子王琼泽擅长诗词，为狼山题写过楹联。曾孙王自强是一位爱国记者，1939年因参加抗日活动被日军活埋于南通城郊。王藻的第五代孙王鏶为清华大学研究生，是一位在研究新型建筑材料方面很有成就的专家，曾获两项国家发明专利和多项国家科技进步奖。

清代科学家蒋煜旧宅：再造神器浑天仪

蒋煜宅在胡家庵巷14号

东汉科学家张衡发明的浑天仪，利用计时器漏壶滴出的水发动齿轮系统，带动浑天仪绕轴旋转，并使浑天仪的转动与地球的周日运动同步，从而将天象准确地表示出来。遗憾的是，张衡的水运浑天仪的制作方法没有流传下来。我国现存最早的浑天仪，是陈列于南京紫金山天文台的明代遗物。

光绪《通州直隶州志》记载："蒋煜，字秋田……尝制浑天仪，观星测晷，了然心目。"

蒋煜出生于南通寺街，其父蒋霁山"颖敏绝伦"，是当时活跃于南通文坛的著名诗人和画家。蒋煜年轻时便精通天文、历法、数学，尤其擅长天文仪器的制造。他在对前人的发明、创造做了详尽的研究后，融会各家之长，"独有心得，为前人所未发方之"。

与张衡利用水力驱动不同的是，蒋煜的浑天仪采用经过精密计算制造的机械钟来带动仪器运转，可连续工作十日至半月。他的浑天仪能准确显现恒星日与太阳日之间的差别，表现太阳与地球之间的运动关系，昼夜之分与二十四节气也都能在浑天仪上得到体现，对航海、天文、气象等军事、民用诸领域进行观测比对、计算运作具有极高的指导和实用价值。当时西方人也制造了一种被称为"天球"的类似仪器，但是不能够"自运"，也不能够定时刻，远远落后于蒋煜的多功能浑天仪——蒋煜的这项发明不仅是中国古代科技史上的瑰宝，而且在世界上占有无可置疑的领先地位。

蒋煜的另一项发明是用于计时的"万年表"，此表内藏水银和一系列控制装置，以水银趁力，配合摆牌、游丝相助作开合，终年可以自行。这种一次可走一年以上的自动钟在当时世界上是前所未有的，难怪蒋煜的同辈人在目睹他的神奇发明后，皆由衷地赞叹："虽西人亦未闻此法，诚创制也。"

蒋煜不仅在科技上具有独特才能，还是一位极富诗画才情的文人雅士。他非常善于作画，作品"纸上有生气"。据《淡远楼书画目录》记载，蒋煜曾为《崇川咫闻录》的编纂者徐缙作贺寿人物画，此画纵四尺一寸、横一尺六寸，为工笔重彩，极精致生动。画上还题有蒋煜自作的诗句："兴酣走笔欲通神，写出蟠桃会里人。潇洒童颜披鹤发，年年留取祝长春。"

蒋煜的出生年月史料未有明确记载，据后人推测，当在乾隆四十五年（1780年），出生地为今天的寺街胡家庵巷 2 号。

张謇先生对蒋煜充满敬意，推崇备至。范铠编撰、张謇续纂的《南通县图志》对蒋煜有很高的评价："惟是前世士类，不以巧思成物为异能。独蒋秋田为浑天仪及身而见夺，不复有传人为之。"

蒋氏旧宅为一进三堂结构，两院有小门相通，院内有假山、书房、亭子、回廊、荷花池、水井等。据老人回忆，原来院落东边有一道火巷直通后花园，后花园内草木扶疏，除一大片竹林外，最引人注目的是一棵三人都合抱不过来的大皂角树。只是随着时光的流逝，以及蒋氏后人的外迁，昔日的风景早已不再。

袁氏老宅：名门家风传后世

石桥头巷24、25、27号坐北朝南有三座并排的大门堂，东至礼巷，西至官地街，北至育婴堂巷，门堂内几十间房屋占了石桥头巷北部民居的一半，在寺街区域首屈一指。它们是明代南通望族袁氏故居，至今已有近500年历史。

石桥头25号为明朝进士袁九皋故宅，青石台阶，竹篾包镶的门槛，大门上彩漆绘就的秦叔宝、尉迟恭门神像，虽经几个世纪的风雨仍清晰可见。门堂的板壁采用麻丝批灰油漆工艺，已存世数百年，地面铺的青砖虽经数代人进出

袁氏老宅庭院

袁氏老宅位于寺街石桥头

袁宅大门

磨损仍光亮如鉴。虽然原有的二门、提闼门均已拆除，也不见石鼓、石础之类进士宅的标记，但是，其不凡的气势一如当年。

此宅第一进是敞厅，原是招待宾客的场所，因中间不用隔板，而用可以移动的屏风，因此，看起来要比一般民居宽敞得多。第二进是穿堂，此屋二梁上曾悬有乡谥金匾。走过穿堂，一片宽大的天井将正屋衬托得更加气派。正屋的梁柱特别粗大，原来的门窗都是双层，里面一层雕有冰裂纹，可糊棉纸，外层用薄如蝉翼的贝壳做成的“明瓦”镶嵌，既透光又漂亮。宅子还附设书房、亭子间、回廊等建筑，其间点缀花草树木，幽静舒适。后院还有厨房、柴草房和堆房等。

石桥头 27 号规模稍小，是袁氏后人购买的明朝千户麻胜的宅院，亦为一进三堂结构。房屋高大宽敞，最让人称奇的是这座房子有双层房门，为寺街民居中绝无仅有。天井里原有花厅、花坛，一株直到今天依然年年盛开的百年紫藤更是令人称奇。

袁氏古宅的创建人袁九皋是明太仆寺少卿袁随的侄子，万历十七年（1589 年）中进士。因其父袁观早逝，他和弟弟袁九功都由叔父抚养成人。据明万历《通州志》记载，袁随为嘉靖三十五年（1556 年）进士，官至户部主事时被外派到江西任监兑（负责漕运的官员）。在任上，他惩恶扬善、恪尽职守，却因不与严嵩同流合污而被贬至德安府(今江西九江德安县)任职。因连年灾荒，当地饥民遍野，袁随在未动用官银的情况下，多方募赈、救济民众，使百姓得以维持生计，自此美名远扬。有一回，袁随在履新途中遭遇打劫，当强盗们得知他就是清官袁随时，竟秋毫无犯，自行离去。

后来，袁随因平定劫狱之变有功，被晋升为陕西按察使、四川左布政使，当年，皇帝召见袁随，按例赏金三千，以备途中所用，然而他却“毫无染指”。

在叔父袁随的言传身教下，袁九皋、袁九功兄弟少时便勤奋好学，立志要成为袁随那样的清官。袁九皋后来担任御史，先后巡察山西、浙江、河南、顺天 4 省，他廉明正直，政绩显赫，所到之处“搜奸剔弊，裕国安民”。袁九功也担任过相当于今天教育局长之类的官员，“二十年清操如一日”。

曾经有过“一门两进士”之荣耀的袁氏家族勤奋好学的家风代代相传，新中国成立后，仅仅在袁九皋后人中，就涌现了我国自然科学史与自然辩证法学科奠基人之一、原华东师范大学校长袁运开，中国首批林业资源航空测绘工程师、原林业部资源司总工程师袁运昌，原清华美院教授、博士生导师袁运甫和中央美术学院教授袁运生等杰出人才。

徐氏祖宅：通城大姓“代代高”

徐家庭院

书香人家

徐氏为南通大姓，自南宋末年从高邮迁入此地已 700 多年。在这漫长的岁月里，徐氏后人在南通繁衍生息、开枝散叶，后裔人口众多、人才济济，有经商的、为官的、读书的，遍及各行各业。

由于徐氏后人在南通的住处太多，因此，乡人以宅子的特点或所处位置，为各处徐宅冠以不同名称加以区分，如钥匙门徐家、黑墙门徐家、磨砖门徐家、掌印巷徐家、冯旗杆巷徐家、东寺徐家等。寺街也有多处徐宅：小巷 18 号，大巷 7、8 号，寺街 1 号，寺街 16 号，胡家园 6 号，育婴堂巷 2 号，新群巷 1 号和武胜巷 19 号等，其中，为尊的当推寺街 59 号。

徐氏后人、近代国学大师徐益修在其《休复斋杂志 · 记家世》中说，徐氏到南通的“始迁者不可考”，后来续订的家谱“自文爵公始”。这位“文爵公”是明代徐氏家族的一位祖先，徐益修即为其第十一世长房长子长嫡孙，曾任徐氏家族族长。徐益修的宅院就在现寺街 59 号，按照中国传统推论，此地当为南通徐氏祖宅。

此宅原占地约 2 亩，内有大小房屋 60 多间、天井 12 个、花园 2 个，虽然今天格局已有较大改变，但基本轮廓尚存。这座宅邸的特别之处是，与内院隔断的三个独立大厅由南而北依次纵列，呈现为一条直线。第一个厅的东边，有一排厢房，南边原为空地，植有四株银杏树，后因遭遇火灾仅存其一，至今已有300余年矣。

经中间花厅（即当年徐益修的书房）向西是一座鹅卵石铺地的小花园，由此向后经一条小巷可到达第三进正屋。正屋为整个宅子的最高处，意寓着越往后越是“代代高”。正屋外遗留明代水井一口，至今尚可使用。

徐氏代有人才出，其中，比较著名的是徐宗干（1796年—1866年）。他是嘉庆二十五年（1820年）进士，道光二十八年（1848年）授福建台湾道台，任期达六年之久。治理台湾期间，广建书院，兴办义学，整顿绿营，变通船政，平定台湾叛乱，颇有治绩。同治元年（1862年），升任福建巡抚，两年后他和时任闽浙总督的左宗棠剿灭了由广东进入福建的悍匪。

在台湾、福建任职期间，他为维护台湾和大陆的统一，立下不朽功勋。徐宗干著有《斯未信斋集》，编有《济州金石录》《兵鉴》《测海录》等，辑《治台必告录》五卷，为治台史的重要文献。徐宗干去世后，左宗棠为他向朝廷请封时说，“宗干循良著闻，居官廉，惠得民”，在百姓中很有声望。

徐益修和徐立孙兄弟，是进入二十世纪后从徐氏祖宅走出的一对文化艺术大家。徐益修为国学大师，博古通今，一生致力于国学专著的撰述，其对《周易》的研究独树一帜，门生弟子遍布国内。徐益修的六弟，是被誉为“中国当代四大古琴家”之一的徐立孙，他是诸城派古琴传人，梅庵琴社创始人之一。1956年，在新中国成立后全国音乐界的第一次群英会——全国第一届音乐周上，他曾为邓小平等中央领导人演奏过梅庵名曲《捣衣》。

徐赓起的城砖楼：明代古砖砌小楼

武胜巷17号、19号的徐赓起故居位于寺街，是南通现存最为典雅精美的建筑之一。

1892年出生的徐赓起是清同治年间福建巡抚、台湾道台徐宗干的后裔，是南通第一位留美学生。1919年，自哥伦比亚大学获经济学硕士学位后回国。张謇十分器重学成归国的徐赓起，在创办淮海实业银行后，委派其子张孝若任总经理，徐赓起则被聘任为行长。在他们的努力下，1920年，淮海银行获得了纸币的发行权；1921年，在海门、扬州、南京、汉口、上海、镇江、苏州等地设分行，在盐城、阜宁、东台各垦区设分理处。

徐赓起用明城墙砖所建楼房

武胜巷19号花园门前石鼓

徐赓起故居

1927年，徐赓起接任南通商会会长，长期担任南通银行、教育、文化等方面的要职，被称为是张謇后期的四位后起之秀之一。

1930年以后，徐赓起经同学介绍去上海，任旧中央银行经济研究所专门委员。虽然身在上海，但是，他依然对南通的相关事务给予关注和帮助。抗战开始后，为避敌伪骚扰，徐赓起迁居香港及上海租界。在国民政府西迁后，徐赓起还在上海租界参加了有助于中央银行的爱国行动。1945年8月，日本投降后，他回到中央银行继续工作。

新中国成立以后，徐赓起经常往来于南通、上海之间，积极参加政治学习和公益活动，得到了地方上的尊重。作为近代著名收藏家，他数次将自购、家藏的文物古董，包括林则徐赠给其先祖的字幅捐献给南通博物苑。

武胜巷 17 号的徐府是清中晚期建筑，为有着东西两宅六庭院 30 多间房屋的大宅子，其用料之考究、建筑之精良堪称南通第一。1958 年，许多妇女走出家门投身社会主义建设事业，因为孩子没有人照顾，政府决定创办幼儿园。初创阶段十分艰难，彼时身为市政协委员、工商界知名爱国人士的徐赓起，慷慨捐出了五栋正房和一排边房共 20 间，作为当时城中幼儿园的园舍。

武胜巷 19 号原是一座花园，后来，徐赓起在此处建起了一栋二层小楼，为典型的民国式建筑，其墙面采用的是明代通州城墙砖——这是这幢建筑最大的特点和价值所在。

那么，明代城砖从何而来呢？原来，明中后期，为避倭寇入侵，曾对城墙进行过多次大规模修葺，因而南通城的城墙多为明代遗物。1921 年，南通县自治会商定拆除南通的城墙和瓮城，所拆城砖均予以销售，所得款项充作教育经费。

据 1921 年 6 月 26 日《通海新报》载，拆城时“售卖城砖，极形忙碌，整块砖每百块计银三元”。这些保存完好的明代古城砖既长且宽，用金属敲击砖体会发出清脆的声音，是质量上乘的建筑材料，遂有了徐赓起用城砖建楼之举。

这栋建筑朝南一面的城砖外加了一层水泥，水泥上镶嵌细木条，隔成小青砖形状，似有一丝中国传统建筑的意蕴，而其内部却是西洋式的构造。此楼上下一致，均为东西各一室，室内天花吊顶，玻璃花窗，楼上的走廊为木板铺就，铸铁雕花护栏。楼下走廊为国外进口水泥所铺，至今没有任何剥落。底层西边一间还装有西式壁炉，壁炉外原有铸铁饰品，1958 年大炼钢铁时，与楼上走廊的铸铁雕花栏杆一并拆除，投进了“小高炉”。

如今，绿树掩映中青砖黛瓦的城砖楼依然矗立在小巷深处，在周边几排明清时期平房的衬托下，显得那般特立独行，却又有着别样的雅致精巧。当年，这里是徐赓起接待客人的场所，里面曾藏有大量的古董字画，据说其数量之多不亚于当时的南通博物苑。

中科院院士黄耀曾故居：有机化学谱新篇

黄耀曾院士

1912年11月11日，随着一阵响亮的婴儿啼哭声，住在寺街三衙墩东巷23号的黄家又添了一个男丁，他就是日后中国有机氟化学的先驱者之一、中国金属有机化学的开拓者和中国有机微量分析方法的创始人黄耀曾。

黄耀曾的曾祖父是前清举人，祖父和父亲都是秀才，生长在这样一个书香门第的他自幼就聪明过人，4岁入学，11岁入南通中学，17岁考入中央大学（现南京大学）化学系，师从我国化学界前辈、著名有机化学家庄长恭。1934年，大学毕业的黄耀曾即进入中央研究院化学研究所工作，先后任助理研究员、副研究员，以自创的实验新路从事有机微量分析。新中国成立后，任中国科学院上海有机化学研究所研究员。

黄耀曾院士故居

二十世纪五十年代初，在黄耀曾领导的课题组与制药企业科研人员的共同努力下，一种新型抗菌素——金霉素试制成功，这项成果一举打破了西方少数国家的垄断，不仅治愈了许多病人，而且在国际上赢得了声望。与此同时，他还主导研制出有机汞种子杀菌剂——西力生，为消灭长江流域危害较大的棉花红腐病、立枯病和小麦黑穗病做出了贡献。

就在黄耀曾在民用领域取得一个又一个成果的时候，二十世纪五十年代末，他临危受命，协作研制符合原子弹、氢弹等核武器要求的塑料粘接炸弹。面对如此艰巨的任务，他经过无数次实验，得到了一种特种材料的配方。后来，这种配方在制造原子弹、氢弹中得到了实际应用——这是黄耀曾对我国国防军事科技的一大贡献。

随着中苏关系的恶化，苏联撤走了援助我国尖端科技研究的专家。因此，从 1961 年起，黄耀曾又受命研制用于制造原子弹的液氟高能氧化剂。经过几年的努力，试验最终大获成功。1964 年，随着中国第一颗原子弹在罗布泊的成功爆炸，黄耀曾的名字与程开甲、邓稼先、钱学森等人一起被列入了“两弹一星”元勋的行列。黄耀曾领导完成的与“两弹一星”相关的技术有 80 多项。

黄耀曾在从事新型炸药和氟化学研究的时候，阅读了不少国外文献资料，他从中敏锐地预测到金属有机化学的前景，于是，立即组织人力开展有机锗化学和有机砷化学的研究。这个在“十年浩劫”中被批判为“自留地”的工作，成为黄耀曾开拓金属有机化学的新起点，这些研究在国际上一直处于领先水平。

1980 年，黄耀曾当选为中国科学院学部委员（院士）。他还曾获何梁何利基金科学与技术奖等两个世界级和六个国家级奖项。

2012 年，黄耀曾以 90 岁的高龄辞世。斯人已逝，唯留下那座坐北朝南的大宅子还伫立在东至三衙墩东巷、北至天宁寺照壁、西至寺街的区域内。

此宅为一堂三进，始建于清代，在当时也算得上是气派十足了。后来，历经分割变卖和改造，如今留存下来的故居只是过去的一小部分，但还较为完好地保留了原貌，尤其是最后一进房屋的门楣很高，新中国成立后还曾被作为幼儿园的大门。南通民间建房讲究的是“代代高”，即门楣要一进比一进高，而此间门楣的高度甚至超过了普通的二层楼房，冠绝寺街。

周氏故宅：从好庐里藏经典

周家故宅从好庐

柳家巷5号在1920年通崇海泰总商会搬迁后，被海门诗人周家禄之子周坦买去，建成了“从好庐”，成为通海诗人聚会之处。

周家禄（1846年—1909年），字彦升，海门厅川港镇人。他是清末诗人，文史学家，张謇好友。他19岁中秀才，22岁为禀生，25岁经三院会试成优贡，再送朝考列上等，引见光绪帝，授同知衔候补训导，经多年才实授江浦县学训导（从八品），后历丹徒、太仓、宜兴、奉贤等训导，皆不长，但头衔却是从六品同知。

周家禄是清末“江淮五才子”之一。张謇曾作《挽顾延卿（锡爵）》，诗中写道：“昔年乡里推同辈，周顾朱张范五人。旗鼓颜行差少长，风云旅食各冬春。”所列五人，即为当时的“江淮五才子”，分别是周家禄、顾锡爵、朱铭盘、张謇和范当世。

周家禄游幕甚多，其中与同乡张謇共同赴朝的一段经历弥足珍贵。光绪七年（1881年），在淮军名将、广东水师提督、帮办山东防务吴长庆幕中，周家禄与张謇同为庆军重要参谋。次年，朝鲜发生壬午兵变，吴长庆奉命率军入朝，周家禄与同僚兼好友张謇、朱铭盘等一道赴朝，参与协助处理中日朝之间的外交事务。汉城的武壮祠就是朝鲜国王为纪念吴长庆而建，祠内立有一块去思碑，刻有光绪八年（1882年）随征将士、宾吏题名：首列幕宾，优贡江苏通州张謇。第五名，训导江苏海门厅周家禄。第十名，举人江苏泰兴县朱铭盘。作为后起之秀的袁世凯，在这个名单上仅列第二十一位。

光绪二十七年（1901年），周家禄应邀至直隶总督兼北洋大臣袁世凯幕下，袁亦不时请教周家禄。

周家禄晚年创办了南通第一所新式学校白华中西书塾。学塾名“白华”，取自《诗经·小雅》“白华之什”，要求莘莘学子修身洁行，于世有用。学塾内附设“费孝子祠”，目的在于勗勉师生上进。学塾开设英、俄、日语课，开一代风气。白华学塾为南通办学的开端，在南通教育发展史上有重要地位。

周家禄擅古文辞，潜心经史，尤好考证校勘之学，著述甚丰。从好庐内曾存放大量周家禄的诗稿以及他与当时政府官员的往来函件等。周家禄的诗集《寿恺堂集》是由其子周坦在此整理编辑出版的，其中令人瞩目的是《〈晋书〉校勘记》5卷，1978年收入中华书局点校本《晋书》，成为不朽经典。

辛亥革命时通州民政处设在柳家巷，周家禄子周坦任典狱课课长，是总司令张詧的亲信，遇有机要事情，张詧都要和他商量。周坦也是南通总商会的实权人物之一。

后来周坦由张謇荐至黑龙江省实授知县，复主理盐政，累官至国民政府财政部盐务运销。周坦之子周孝伯，抗日战争初为复旦大学学生会主席，是上海学潮领导人之一，后任国民立法委员。1949年至1950年在台湾、香港从事反蒋活动，被蒋介石秘密杀害。周坦之女是上海有名的律师。

“从好庐”为周坦当盐官后购下顾姓老屋翻新而成的花园楼房。原为黑漆大门，门前有两只石狮子，进入花厅的东门旁有雕花石鼓。清代花厅一进三间，玻璃门窗，穿过花厅是一座小花园。园中植有桂花、蜡梅、紫藤、红薇等花木。小花园后为一座三上三下的两层西式洋楼，二十世纪二十年代所建，因建此楼时用加了糯米粥的石灰砌墙，更具耐水性，十分结实，如此做法造价较高，在当时南通不多见，民间经渲染后，称其为“糯米楼”，延续至今。

此楼内为西式装潢，方形门窗，回旋式楼梯，地板缝拼接得十分考究，室内有天花板、板壁，并配有壁橱、壁炉等。楼后原有一个占地近1000平方米的大花园，泥石堆山，古树葱郁，并有玻璃暖房养植奇花异草。

林氏中医世家旧居：六代悬壶克顽症

林光武故居

二十世纪九十年代初被评为“江苏省名中医”的林光武出身于中医世家，到他这一辈，林氏家族从医已历六世、近200年。林光武居住于寺街施家田1号，他的家族是从1938年由唐闸十里坊迁到此地的。

林氏祖先擅长内、外、伤科的治疗，其二世祖林京华曾为清廷五品御医。

林京华自幼从父学医，精于钻研，博采众方，自成一家，进京之前在家乡行医，其医治疑难杂症的轶事在民间口口相传，流传甚广。

林京华不仅医术精湛，而且医德高尚，民间还流传着他追船救人一命的故事。有年炎夏，一位身穿破棉袄的船工登岸找到林京华，自述身上忽冷忽热。林先生仔细察看后，发现此人患的是“人中疔”，已有走散之势，十分危急，便要他留下治疗。谁知船主怕耽误行程，不顾林的阻拦，竟然将船开走了。林先生惦记着那位船工的安危，思虑再三，让家人用独轮车载着他追赶，一直追了几里路，才追上木船。只见那背纤的船工已摇晃欲倒，林先生大呼：“赶快停船！”船主闻声，探身一看，见林京华亲自追来，方知船工病情确实严重，这才吩咐停船。林先生当即让人将船工扶上独轮车，一路赶回诊所，并将他安排在自己家里留宿。经过精心治疗和调理，船工终于转危为安，而林京华却分文不取。

晚年的林京华更是声誉远播，光绪三年（1877年）奉诏进京。由于医术高明，醇亲王曾亲书金字横匾“徙柳折肱”和对联“青炉久炼长生药，丹鼎新添不老方”相赠。皇家赏赐的这两样旧物，曾挂在林氏十里坊老宅里达半个世纪之久，直到 1938 年 5 月，老宅与周围 300 多户人家被日军焚毁才灰飞烟灭。此后，林氏一门四分五裂、各奔东西，林光武父亲一房则辗转迁到寺街。

林京华的儿子林芝祥、林云涛均为名医，其孙林桢更是名动南通城。林桢之子是林聚成，林聚成之子便是林光武。

寺街林氏旧居大门两边有麒麟砖雕各一块，大门内为青砖铺地，朝南三间正屋，朝东还有一排花厅，堂屋正中供奉着身穿清朝官服的林京华雕像。据其后人说，当年无锡有一捏泥人的工匠因患疑难病症，慕名来通州请林京华诊治，不久痊愈。他满怀感激之情，与林京华对面而坐时，很快捏成此像，惟妙惟肖。

林氏一族医术精湛，尤以林京华、林桢二人名声较响，其行医轶事为《江苏医人志》所载。

清道台梁缙卿旧宅：后人名满文艺圈

寺街 2 号是曾任清朝道台的梁缙卿旧宅。梁缙卿出生于安徽休宁，年轻时以贡生的身份来到南通，在典当行学生意，光绪年间（1875 年—1908 年）通过海防捐出任浙江余姚知府。

从仕途归隐后，梁缙卿再次回到南通开设典当行，生意蒸蒸日上。据说，当年南大街半边街的典当行皆为梁家所有，西门、兴仁、六甲、海复等地均设有梁记典当。张謇在沿海地区开辟垦牧公司时，梁缙卿亦参有股份。此外，梁家还拥有旅馆、南货店、衣庄、茶食店等产业。梁缙卿于 1914 年去世，时年 74 岁。

梁缙卿生有七个儿子、两个女儿。老大梁寿山后来成为南通典当工会的会长，老二梁闻山是我国著名哲学家、法学家张君劢的秘书。

值得一说的是梁缙卿三子这一支。梁缙卿三子梁崇山英年早世，其子梁达（后改名“范荣康”）曾任人民日报副总编。其夫人谌容为我国著名作家，她的中篇小说《人到中年》《太子村的秘密》分别获全国第二、三届优秀中篇小说奖。由她担任编剧的电影《人到中年》先后获金鸡奖、文化部优秀影片奖和百花奖。

范荣康与谌容的长子梁左是演艺圈的一大才子，曾是著名相声演员姜昆的“幕后写手”，由他编剧的电视连续剧《我爱我家》开了我国情景喜剧的先河。

次子梁天，为著名影视演员，曾出演《二子开店》《天生胆小》《顽主》《本命年》等电影，《海马歌舞厅》《我爱我家》《明德绣庄》等电视剧，还执导过《太阳出世》《心想事成》等电视剧。其女梁欢也长期活跃在影视界，她的丈夫就是著名导演、演员英达。

梁缙卿的孙辈中还有上海电影制片厂的著名导演梁廷铎，他曾参加《梁山伯与祝英台》《铁窗烈火》《魔术师的奇遇》等影片的拍摄工作，还与谢晋联合执导过《春苗》。1965 年开始独立导演影片，主要作品有《儿子、孙子和种子》《审椅子》《蓝色档案》《夜明珠》和《神奇的剑塔》等。

其实，梁缙卿初到南通时的老宅在冯旗杆巷，后因人口逐渐增多，就托好友张謇之兄张詧为其觅一住所。据说，当时恰逢寺街 2 号原主人一夜豪赌将宅院输光，抵押给大生纱厂，于是，张詧便让梁家以 3000 银洋购得此宅，并花 1000 银洋修缮一新。

一进此宅的大门堂，抬头便可看到光绪年间"通大夫第"的匾额。穿过青砖铺就的天井，是一提闼门，门前有两只青石石鼓。提闼门内还有一天井，天井以北是三间朝南的大屋。由此向西又是三间朝南的房屋，往东则是一排五楼五底十间朝南的楼房。梁氏旧宅靠近寺街还有一排四楼四底的小楼，至此要经过大小六个天井，梁宅才算走遍。此宅建于清末民初，其高大宽敞的格局一扫明代住宅的低矮之风，是寺街最精美的建筑之一。

清道台梁缙卿旧宅

江村故居：流星闪耀破长空

江村（1938年摄于重庆上望寺国立剧校）

寺街胡家庵2号宅院环境幽雅、文气沛然，颇受历代文人青睐，它曾是抗战时期活跃于大后方的“左翼”戏剧表演艺术家、诗人江村的故居。

江村1917年出生于南通，从小喜爱戏剧，就读城北小学（今实验小学）时即开始登台演戏，进入南通中学后参加了新民剧社，开始显露戏剧方面的才华。1936年秋，江村中学毕业后，同时考取了国立中央大学（今南京大学）文学院和国立南京戏剧专科学校，而他选择了后者。在剧校，除规定学科之外，江村还如饥似渴地阅读了国内外名家的剧作、诗篇和其他文艺作品。

抗日战争爆发后，江村随校迁至长沙、重庆，他和老师曹禺等人一路开展抗日救亡宣传活动，受到沿途老百姓的欢迎，其艺术水准也在实践中不断提高。

1939年，江村毕业分配到中央电影摄影场工作，后又调至中国电影制片厂。11月间，江村和坚白又回到重庆，参加了赵丹排演的田汉的剧本《阿Q正传》的演出。随后参加了由赵丹、白杨主演的《中华儿女》的拍摄。在此期间，他参加了上海业余剧人协会，投入到了中国共产党领导下的进步戏剧活动中。

在后来的三四年中，江村参演了《阿Q正传》《蜕变》《闺怨》《夜上海》《雾重庆》《棠棣之花》《虎符》和《大雷雨》等话剧，以及《中华儿女》《白云故乡》等电影的创作，其艺术成就达到了新的高峰。

1941年秋，他应邀参加曹禺名作《北京人》的首演，在剧中饰演曾文清一角。当时在重庆的周恩来看了演出后称赞道：“江村扮演的曾文清，把曾的文弱和书卷气都刻画出来了，令人信服。”1962年，周恩来在北京再次观看《北京人》时感慨地说：“其他角色都好办，再找像江村那样合适演文清的演员就难了。”由此可见周总理对江村早逝的痛惜之情。

江村故居

的确，江村不仅扮相俊美、演技精湛，而且写过许多洋溢着爱国主义激情和对革命事业向往与赞美的诗、文。作为有诗人修养的演员和有演员条件的诗人，他的精神气质是一般演员所难以企及的。

抗战期间，重庆曾上演过一部“对于教育和鼓舞群众为反对投降，坚持抗战，争取民主而斗争，产生积极的影响”的话剧，它就是郭沫若的《屈原》。然而，很少有人知道，郭沫若的这部震撼了整个大后方的力作，正是应江村的邀请而创作的，只是因为身体的原因，江村最终与这部话剧失之交臂。

郭沫若曾说：“我写《屈原》这个剧本，本就是出于江村的要求，他是很想把屈原这位大诗人的形象化在舞台上的……《屈原》是由他的鼓励而写成了，但我的剧本写得太重，于他的性格和体力都不相宜，因而他没有参加演出。”

1943 年是江村在重庆最艰难的一年，这一年，他因带头抵制排演反动戏剧《蓝蝴蝶》而遭到反动当局的迫害与软禁。反动派的残酷打击，使江村陷入生活困境，肺结核病也迅速加剧了。但他始终没有向黑暗势力低头。他在日记中写道：“我的心活着在战斗，在战线上，即便倒下了，我也面向着敌人！”

后在友人的帮助下，江村秘密前往成都。不幸的是，1944 年 5 月 23 日，江村终因劳累过度、身心交瘁含恨离世，年仅 27 岁。

下葬那天，文艺界、新闻界的朋友们冒雨前来送行，他的同乡顾而已弄来一口薄棺，将骨瘦如柴的江村入殓，并将他的头朝向东方，让长眠九泉的孤魂，遥望云天之外的故乡。郭沫若为他题写了碑文。

赵丹故居：影坛巨星起步时

赵丹

1915年6月27日，一户赵姓的行伍之家喜添一个男婴。或是对古人“凤翱翔于千仞兮，非梧不栖”说法的推崇，父亲赵子超给孩子取名为“凤翱”。也许是对军旅生涯心生倦意，就在第二年，在北洋军中担任营长的赵子超决定解甲归田，定居于南通城内的西南营。

到了南通之后，赵子超开办了新新大戏院。受家庭熏陶，赵凤翱从小便酷爱艺术，中学时代，与好友顾而已、钱千里、朱今明等组织“小小剧社”，时常排演话剧。1931年，凤翱从崇敬中学（今实验中学）毕业，遵从母命报考了上海一所大学的法政系，后来却被“成天绘画、演戏”的活跃气氛所吸引，转而进入刘海粟创办的上海美专学习绘画。

业余时间，赵凤翱将全部精力和兴趣投入到了美专剧团的演出中，并加入了中国“左翼”戏剧家联盟。他将名字改为“赵丹”，表达了对革命的热诚。另一个说法是，赵丹这一艺名是同乡好友史白根据“燕赵太子丹”的典故所取。

1932年，赵丹被明星影片公司导演李萍倩看中，在默片《琵琶春怨》中扮演一纨绔子弟，从此成为明星公司的演员。此后，他又参演了《上海二十四小时》《时代的女儿》《三姐妹》《到西北去》《乡愁》《落花时节》和《热血忠魂》等20多部影片。与此同时，他还活跃在舞台上，曾在名剧《娜拉》中饰演海尔茂、《大雷雨》中饰演吉洪、《罗密欧与朱丽叶》中饰演罗密欧。由于他热爱表演艺术，又有刻苦钻研的精神，加之形象好，极有表演才华，很快成为引人注目的明星。

1936年至1937年，赵丹主演了中国电影史上的经典影片《十字街头》和《马路天使》。在《十字街头》中，他扮演失业大学生老赵，刻画了一个天真、纯朴、热情，并带有几分傻气的青年知识分子形象，在《马路天使》里，赵丹在表演上有了新的突破，运用现实主义的创作手法，从生活出发，经过概括提炼，真实而又自然地塑造了心地善良、乐于助人、淳朴憨厚的吹鼓手小陈的形象，受到广泛赞许，从而奠定了他成为艺术大师的基础。

赵丹在银幕上留下了众多闪光的形象

抗日战争爆发后，赵丹加入抗日救亡演剧队，辗转各地宣传抗日，并于1939年参加影片《中华儿女》的拍摄。这年6月，他前往新疆开拓进步戏剧工作，后被反动军阀盛世才监禁达五年之久，直到抗战胜利才回到上海，并参加了《丽人行》《乌鸦与麻雀》等多部影片的拍摄。

新中国成立后，赵丹历任全国人大第一、二、三届代表，第五届全国政协委员，中国影协和中国剧协常务理事，中国影协上海分会副主席等职。

赵丹故居

赵家院子

位于赵丹母校校园内的丹亭

1957年，赵丹加入中国共产党，同年获文化部1949年—1955年优秀影片个人一等奖。后来，他又主演了《为了和平》《李时珍》《海魂》《林则徐》《聂耳》《烈火中永生》等影片，塑造了一大批熠熠生辉的银幕形象，代表了二十世纪五六十年代中国电影表演艺术的最高水平。

十年动乱期间，赵丹受到残酷迫害。十一届三中全会以后，他依然以极大的热情为高等学府讲授表演艺术，并不顾重病缠身，于1979年完成了《银幕形象创造》和《地狱之门》等著作。不幸的是，1980 年 10 月，赵丹因病在北京逝世，终年 65 岁。

在近半个世纪的艺术实践中，赵丹对现实主义创作手法孜孜以求，不断探索具有中华民族特色的表演艺术体系，形成了洒脱自如、形神兼备、意境深远的独特艺术风格——他也因此被冠以“人民艺术家”的称号。

斯人已去，今天，伴随赵丹成长的故居依然伫立在西南营 36 号。当年那片民国建筑现尚存两进院落，前院坐北朝南四间，对面北向亦为四间；后院坐北朝南五间，另附偏房两间。令人欣慰的是，在赵丹去世 12 年之后，他终于魂归故里，被安葬在母校的一角，那绿树翠竹环抱的墓园名曰“丹亭”。

金沧江故居：“韩国屈原”入吾乡

在南通老街区现存的故旧住宅中，西南营 29 号算不上特别。坐北朝南和坐南朝北各三间平房，加上西侧朝东两间厢房，围成了一个不大的院落。当年，主人把北房的中间辟为会客室，西边一间作为卧室——这在当时是再普通不过的“标配”了。

位于西南营的金沧江纪念馆

金沧江纪念馆局部

但是，这里因为曾经是韩国爱国诗人、历史学家金沧江的故居，所以格外受人瞩目。

1850年，金沧江出身于朝鲜开城府一个书香世家，他从小喜好文学，尤嗜汉文，41岁时，以诗中进士，即任朝鲜李氏王朝编史局主事、内阁主事、中枢院参书官等，最高职务为正三品通政大夫。金沧江是李朝后期四大文豪之一，在中国古体诗和书法上的造诣都非常深，其学识及论著闻名于当时。

金沧江与张謇的交往始于1883年。那时候，张謇任吴长庆幕僚，因参与平定朝鲜的“壬午兵变”，在汉城与金沧江得以见面。金沧江对张謇的印象是“神宇英爽，意气磊落”，两人遂“笔谈如流”。张謇则认为金沧江的诗“似晚唐”，而“近体诗绝好”。初次见面，两人互相倾慕，即结为好友。

1905年，日本侵占朝鲜，金沧江愤慨至极，却又无力回天，遂流亡到了上海。同年，受张謇之邀，金沧江举家迁到南通。那时，金沧江一家三口“行李萧然，不满一室”，其状十分凄惨。张謇于濠河之畔为其购房并安排金沧江到翰墨林印书局任编校。此后，金沧江一家衣食无忧，其又与南通的不少文人相投缘，诗酒流连，虽不能以汉语会话，却可以笔谈交流，倒也其乐融融。为此，他写下“通州从此属吾乡”的诗句，在他的笔下，南通步步皆景、处处如画，饱含着淋漓的烟水气。

1915 年，金沧江移居西南营 29 号，因宅旁有女贞一株，故自名其居为“借树亭”，以示其虽客居南通，仍不忘故国之情怀。1927 年，已 78 岁高龄的金沧江见中国政局动荡，战火连年，而朝鲜又复国无望，加上张謇去世，翰墨林印书局陷入困境，极度悲愤和抑郁，于 4 月底在家中服鸦片膏自杀。南通人民深感惋惜和悲痛，为被称为“韩国屈原”的金沧江举行了隆重的公祭，并将其归葬于狼山南坡。

在旅居南通的 22 年里，金沧江除编辑印行了韩国著名诗人申紫霞的诗集外，还整理出版了《丽韩十家文抄》《梅泉集》《重编朴先生文集》等韩国文化典籍。他还花费大量时间和精力编写韩国历史，为的是保存本国文化，维系民族精神，鼓舞人们反抗殖民统治，努力实现国家独立、民族解放，这表现了他忧国忧民的真挚爱国情怀。

金沧江的故居今已建成金沧江纪念馆。《借树亭记》一文被刻于墙上，十分醒目。

金沧江纪念馆于 2021 年 1 月 6 日开馆。开馆后，韩国英雄研究会 41 名常驻上海的韩国友人来通瞻仰与参观。

2021 年 1 月 6 日，金沧江纪念馆在他的西南营故居开馆。当天，金沧江的曾孙金桂生专程从上海赶到南通。这位从未在南通生活过的老人不但说着流利的普通话，甚至还能听懂南通方言。这是因为虽然在曾祖父去世后举家迁到了上海，但是，父母却一直保持着说南通话的语言习惯。他深情地说：“我就是个南通人！”

包壮行旧居：迭石为山制灯彩

包壮行，字稺修，号石圃，明万历十三年（1585 年）出生于南通，少时即以才华出众而受人称道。他 30 岁中举时的考卷曾被作为范文刻印付梓，因为需求者众多，竟再版了三次。

明崇祯十六年（1643 年），包壮行考中进士，任工部主事。然而，次年三月，清兵便大举入关，明朝随即覆灭。包壮行不愿仕清，遂弃官回到南通。据说，包壮行曾准备自刎殉国，在家人的阻止和严防下才得以保全性命。此后，作为大明遗民，包壮行隐于市曹，以“迭石为山，剪彩制灯”为乐趣。

包壮行故居石圃现状

包壮行像

包壮行住宅门檐

包壮行在南通的住宅位于今天的西南营 34 号，是包氏先人建于明代的祖传老宅，共有房屋 30 多间。穿过宅前的第一道门楼，二门为附墙式门楼，清水砖墙，角有砖雕，门槛约两尺半高，两侧有门墩石和须弥座。正房为三开间两层楼房，附前廊，二楼有一望台，屋面为黑色蝴蝶瓦，六界进深，屋架为穿斗式，梁柱用材粗大，至今保存完好。因为包壮行故居在此，后来，这一条南北向支巷便被称作“壮行巷”。

清顺治十六年（1659 年），应包壮行之子包也鲁之邀，居住在杭州的散文大家、诗人，曾为抗清名将史可法部下的王猷定来到南通，亲笔撰写了《包稺修石圃记》一文。其时，包壮行已离世三年。

在这篇美文中，王猷定非常明确地指明了包壮行叠石的最大特点：朴。包壮行制作园林假山，不用当时人们所推崇的太湖石，而是就地取材，完全采用备受轻视的狼山石料。这种人弃我用、返璞归真的禀性，使包宅的石圃从一开始就被烙上特立独行、不媚世俗的印记。

包壮行工书、擅画，所勾勒的梅花、竹石等多有奇气，他的《松柏祝寿图》至今还收藏在南京博物苑。他把绘画工艺移植到彩灯的制作上，从而使这项民间工艺变得更加精美绝伦、别具一格，后人称之为“包灯”。

“包灯”所使用的材料多种多样，有绸缎、蛇蜕、通草（一种可入药的植物）。它既非屏风式花灯，又非彩花式绢灯，而是包壮行凭借高超的扎艺和神奇的画技制作，以“狮凤牡丹都逼肖”的形态、“组彩艳朝霞”的色彩、“色亦缤纷影亦乱”的烛火取胜的一种构思奇特、风格雅致的灯彩艺术。

据记载，包壮行制灯，“作奇石列树，及车马、宫室、人物其上，以像唐宋画家。纳火于中，夜视之，宛若黄鹤（王蒙）、辋川（王维）之遗墨也”。由此可见，因为有了包壮行这类文人的参与，民间工艺的艺术性得到了极大提升。每逢元宵兴灯之机，那一只只溢金流彩、穷神尽态的“包灯”，悬挂于市井灯棚之中，通州城为之轰动，常常出现万人争睹的盛况，时有文人赋诗道：“上元灯节闹新春，制出包家巧绝伦。”

“包灯”名声远扬，泰州、扬州等地扎灯名手竞相仿制，直至清道光年间还久盛不衰。可惜的是，后来这一工艺失传了，江苏省博物馆曾发榜文征集“包灯”，也没有收到原物。近年来，有民间艺人自称其制作的灯彩为“包灯”之传承，但是与史料所载相去甚远。

武陵堂顾氏旧宅：人才辈出凤凰桥

西南营冯旗杆巷内最著名的民居是顾氏旧宅，今天的门牌编号为 26 号，南通人称其为“凤凰桥顾家”，是武陵堂顾姓的一支。武陵堂顾姓于明朝中叶自苏州昆山迁到南通，一世祖顾业经与明末清初的顾炎武同宗同族，曾以平民身份抗倭，身披 18 创而英勇殉国，其事迹于光绪《通州直隶州志·人物志·忠节传》中有载。

顾家老宅里的古井

冯旗杆巷 26 号大门朝北，这在南通城里是十分少见的。1963 年，中国著名

顾家正宅

古建筑专家、同济大学教授陈从周对这里进行考察后，认为这座明代建筑具有显著的苏南风格。

此宅前后三进，有一座硬山式七檩敞厅，明三暗五，明间为抬梁式，次间为穿斗式，用材粗大，覆盆式柱础，构架严密，从敞厅向西经回廊连接一座约50米见方的花园。幸运的是，虽历经几百年风雨沧桑，全宅的格局和架构至今未有大的改变。

这支顾姓家族子孙在清代担任官职最高的是顾曾煜（工部主事）和其弟顾曾灿（刑部主事），品阶不算太高（均为正六品）。值得一提的是，这个家族先后出了六名举人、四名贡生和四名进士，创造了“父子、兄弟、叔侄同登科”的辉煌。

及至近代，顾氏家族更是在南通历史上写下了浓墨重彩的一笔。

顾贶予，原名偿基，出生于1881年，自幼喜爱诗文，与同城的徐益修、曹勋阁、顾怡生并称“南通四大才子”。光绪末年废科举，顾贶予入南菁高等学校预科、两江师范学堂读书，毕业后回通从事教育工作。先后在省立第七中学（今南通中学）、崇敬中学（今实验中学）、商业中学（今启秀中学）、女子师范学校等校任国文教师，深受学生爱戴。

抗战期间，南通陷落，顾贶予不甘受敌伪奴役，迁往农村办学。新四军

惠民坊顾宅

东进后，他一直追随共产党，担任过抗日根据地和解放区多所学校的校长。他具有坚定的革命信念，在艰苦的条件下，培养了许多有理想、有文化的革命青年，为新民主主义革命事业和新教育的建设做出了很大贡献。1944 年，顾贶予被苏中区委表彰为苏中教育界坚持抗战的“八老”之一。

1949 年 2 月，顾贶予被任命为南通中学校长——他由此成为解放后这所著名学校的首任校长，后来还担任过苏北人民行政公署监察委员会委员、南通市政协副主席等职。顾贶予对古典文学极有研究，著有《文集稿》四卷，可惜遗失于抗战烽火，现尚存《幻公遗稿》《幻公杂稿》四册。

顾贶予的儿子顾尔钥同样也是一位革命教育家。顾尔钥 1938 年 10 月参加革命，时年仅 19 岁，1939 年 7 月加入中国共产党。1941 年起，历任新四军苏中四分区政治部民运科科长、如东县委书记、海门中心县委书记、海门县长、海启行署主任、通西行署主任、南通县委书记和南通警卫团政委等职。解放战争中，任东南县委书记、县独立团政委、南通专署副专员。

新中国成立后，顾尔钥担任过南通医学院院长、党委书记，后任南京中医学院院长。1956 年调任南京，历任江苏省卫生厅副厅长、省文联副主席、省委统战部副部长、省医药管理局局长、省高等教育局局长。

1946 年，南通发生了震惊中外的“3·18”惨案，在这次事件中，8 位南通进步青年为争取民主自由献出了宝贵生命，其中，就有顾贶予大哥顾侑基的孙子顾迅逸。

西南营冯旗杆巷 26 号顾家真可谓人才辈出。在顾迅逸的同辈人中，还涌现过顾永情、顾永恰两位女军人——1955 年分别被授予上校和大校军衔，她们是顾尔钥的侄女，父亲顾尔亦是南通中学国文教师。

同一辈中的顾永悻是潘天寿、黄宾虹的学生，绘画造诣极高；顾永菲是上海电影制片厂著名演员，1984 年因出演电影《雷雨》中繁漪一角而获“金鸡奖”最佳女主角提名，1986 年曾主持中央电视台春节联欢晚会。这个家族中比“永”字辈小一代的，有公安政法战线优秀干部顾林昉，他 14 岁参加革命，后来担任过公安部常务副部长。

朱良春故居：国医大师风范存

国医大师朱良春

西南营掌印巷18号和32号是誉满海内外的国医大师朱良春的故居。自二十世纪五十年代初始，朱良春在这里居住了40余年。

朱良春（1917年—2015年）字默安，号伦，镇江丹徒人，朱熹公第29代裔孙。曾任农工民主党中央委员会委员、南通市政协副主席，南通市中医院首任院长等职。主任中医师、南京中医药大学终身教授、博士生导师，中国中医科学院学术委员会委员暨首席荣誉研究员。1987年被国务院授予“杰出高级专家”称号。2003年获中华中医药学会“中医药抗击非典特殊贡献奖”，2006年获中华中医药学会“中医药传承特别贡献奖”，2009年获评国家首届“国医大师”，同年获中华中医药学会“终身成就奖”。他还是全国著名中医药学家、中医理论家和教育家。

朱良春13岁随父亲从镇江丹徒来到南通，因肺结核经中药治愈，而立志学习中医。1935年启蒙于孟河御医世家马培之侄孙马惠卿，一年后考入苏州国医专科学校学习，1937年转入上海中国医学院，师从沪上名医章次公先生，1938 年毕业，即悬壶南通仓巷，适逢疫病流行，因治愈大量登革热患者而享誉一方。1945 年，创办南通中医专科学校，聘章次公为校长，自任副校长。

1951 年，朱良春搬至西南营掌印巷 18 号（后门牌调整为 20 号）。1952 年初，与汤承祖、蒋仰三、陈继明、林衡组建中西医联合诊所，任所长，诊所就设在他掌印巷 18 号的家中，后改建为南通市联合中医院。此后因政府扩建机关幼儿园的需要，朱良春无偿迁出，定居于掌印巷 32 号(即现在的 39 号)。

1956 年，朱良春带领同仁将医院无偿献给政府，成立了南通市中医院并任院长历 28 年。在任期间，医院先后被评为“全国红旗单位”“全国医药卫生先进单位”。二十世纪七十年代，他将民间医药三朵奇葩——季德胜蛇药、陈照瘰疬拔核膏、成云龙金荞麦治疗肺痈请入大雅之堂，成为全国闻名的“三枝花”。

他践行先师章次公“发皇古义，融会新知”的学术主张，在 80 年的医学生涯中，始终坚持在一线治病救人，积累了丰富的临床经验，偏居东南一隅而独树一帜，学术影响遍及国内外，被誉为“朱良春现象”，创立了以皇古融新为旗帜的“章朱学派”。

为传承发扬中医药成果，朱良春研制了“益肾蠲痹丸”“复肝丸”“痛风冲剂”等 21 种具有自主知识产权和良好疗效的中医新药；出版《虫类药的应用》《章次公医案》《医学微言》《朱良春用药经验集》《朱良春医集》等著作 30 余部，发表论文 200 余篇，获发明专利十余项。在生命最后的日子里，仍在整理、校勘《朱良春全集》文稿，牵挂着南通中医药文化博物馆的建设。

他敢为人先，带领子女门人艰苦创业。1992 年创办良春中医药临床研究所，2006 年成立良春风湿病医院（后更名为良春中医医院），成立良春国医堂。他率先提出创办的公益性南通中医药文化博物馆，现为江苏省文物局备案的首家以中医药文化为主题的非国有博物馆，已成为南通市中医药文化对外交流的靓丽名片。

朱良春坚守“经验不保守，知识不带走”的承诺，以授业、传道、解惑为己任，乐于培养后学，讲学足迹遍及国内外。他在 98 岁高龄仍登台授课、释疑解惑，如今桃李满天下。

朱良春的一生真正做到了“自强不息，止于至善”，为中医药事业的传承和发展做出了杰出贡献。

喜氏中医世家旧居：八世名医传仁术

喜氏中医世家西南营旧居为喜氏中医第六代传人、江苏名医喜仰之先生在民国初年兴建，由南通著名建筑设计师孙支厦营造，位于西南营（现门牌 76 号），至今已历百年沧桑。

喜氏中医源远流长，其姓氏源自清太祖努尔哈赤之生母、清显祖宣皇后喜塔腊氏家族，简称为喜。喜氏其中一脉世袭皇家医官，其后代迁居南京。太平天国时期，为避战乱，迁镇江而再迁金坛，而后定居南通。

喜仰之先生父亲喜海珊先生(1870 年—1942 年),为喜氏中医第五代传人，清末江苏名医。喜海珊从父习医，医药兼学，20 多岁即于西南营创立门户，擅长内科，尤以妇科见长。其喜氏妇科，与汤氏内科、吴氏儿科并称为江北杏林“三鼎甲”。世传海珊公有一脉相诊之功，以喜氏世传医道望闻切脉，即可知病情急缓凶吉。张謇、张詧兄弟慕其声名，亦聘海珊、仰之二代名医为其家族医师顾问团主要医师，专为内眷诊病。

《南通历代名医录》记载，某年夏，船户误食河豚，全家七口中毒，抬至喜氏旧居，海珊公与长子喜仰之共同施救，当街架起紫铜锅煎药，一一灌服，使全家脱险获救。

海珊公医者仁心，对贫者免酬赠药；贫困亡故者，施棺数十口，口碑行于江淮。在其病逝后，州人为追念其善行功德，于关帝庙立“医神”牌位，以志缅怀。

喜海珊先生育有四子，仰之、渭南、喻仁、佐泉均从父习医，皆有所长，尤以长子仰之深得海珊公器重，着力培育，家传之外又学西医。

一代名医喜仰之先生（1895 年—1980 年），名望峰，字仰之。州人尊称喜仰之为喜家大先生。民国时为南通市中医师公会首任理事长，新中国成立后为江苏省首批省颁“名老中医”、南通市中医院妇科主任。

喜仰之自幼饱读中医典籍，及中学毕业，父亲喜海珊鼓励他先修西医，再承家学，遂于 1913 年考入私立南通医学专科学校，为第二届学生。此校建于 1912 年，为张謇所建。

五年学成毕业，即在南通医院西医内科，任职六年。复又入中医学院深造，又三年，取得西医中医双证。三十而立，中西融汇再上境界。沈绣开创者沈寿

位于西南营的喜氏中医世家旧居

女士曾邀仰之先生诊疗，大病初愈后亲手刺绣一方锦绣脉枕相赠，表达景仰。

仰之先生牢记张謇校训“祈通中西，以宏慈善”，他继承乃父高尚医德，贫者不仅免诊费，还可以凭喜氏处方到有往来的老号药店免费抓药，而后各大药店再凭处方由喜氏诊所统一结算。

1938 年 3 月，日军登陆南通，西南营附近的西门吊桥更建起岗楼。仰之先生不愿向日寇鞠躬行礼，带全家逃难到如东汤家园避难。喜仰之的大公子喜桓、三公子喜煌受时代感召，先后秘密离家加入新四军。史载喜仰之曾冒着生命危险为中共地下党员作掩护，利用行医，收留地下党员在家中养伤。

1956 年南通市中医院成立，首任院长朱良春，为壮中医院阵容，多次登门拜访，诚邀喜仰之加盟。仰之先生其时为市政府卫生局特聘顾问，感其诚挚，遂于当年毅然关闭收入颇丰的个人诊所，加盟市中医院，任妇科主任。

1958 年，喜仰之将家中珍藏的镇宅之宝、一级文物——明代名医陈实功大师所用的青花汝钵慷慨捐赠予南通博物苑。

“文革”结束后，仰之先生得到平反，恢复名誉及工作。喜仰之先生 80 多岁高龄时还坚持奋斗在临床第一线，为病人把脉、整理医案。

喜仰之子女中，喜幼之、喜棠、喜棣随父学医，亦成名家，为喜氏中医第七代传人。仰之先生二公子喜幼之(喜通)，随父习医，后在上海中医学院毕业，亦随父加盟市中医院，后为南通市直机关门诊部中医科负责人，“文革”中遭下放英年早逝。喜棠、喜棣为孪生姐妹，深得父辈真传，后赴新疆支边数年，返城后继续深造，皆成妇科名医。喜棣赴上海发展定居，成为沪上妇科名家，长三角妇科流派联盟授牌为“海派喜氏妇科”。喜棠则固守乡土，退休后依然服务社会，为南通医学院附属康复医院国医堂主任医师。

喜氏中医世家第八代传人，代表有喜幼之之子喜新、喜棣之子沙喜等。

周懋琦故居：清苦忠直梦强国

周懋琦（1836 年—1896 年），字子玉，号韩侯，祖籍安徽绩溪，因祖辈来通经商而迁居南通城内掌印巷。周懋琦的母亲为平潮人单氏，妻子乃通州名臣徐宗干的侄女。

周懋琦是晚清时期的一位爱国官员，其宦迹涉及闽台及天津、湖北等地，

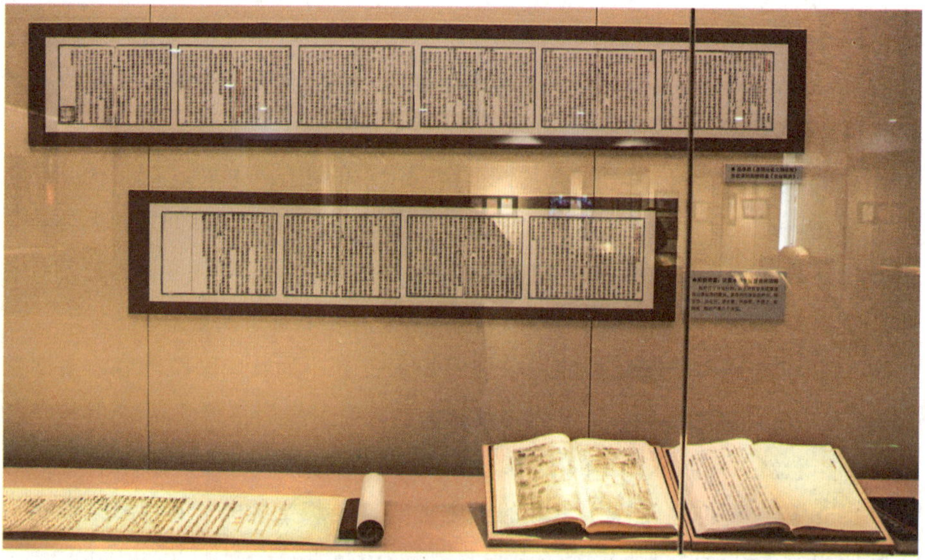

《全台图说》展陈，该书证明钓鱼岛自古就是我国的领土

周懋琦独创的子玉算盘

左图 周宅客厅的槅子门

右图 老宅墙上的砖雕

官至赏一品封典二品衔，史称“做官清苦忠直”。他还曾作为福州船政局的提调道员率留学生赴英、法留学，为清末洋务运动的一位踏实的践行者，他撰写的《全台图说》记录了“钓鱼台（岛）”的具体范围，成为钓鱼岛自古就是我国领土的铁证。

同治元年（1862 年），周懋琦随通州籍官员徐宗干赴福建巡抚任，并受荐留闽差遣委用。次年奉派往台湾协助办理军务，后署理福建福宁府知府，调补台湾府知府。同治十一年（1872 年）任台湾府知府兼护台湾道。1879 年，台湾建省后，他亦再代理此职务。同治十三年（1874 年）日本出兵台湾制造“牡丹社事件”，时任台湾知府的周懋琦参与敌前谈判，表现出强烈的爱国意识。事平后，他组织人员对台湾进行全境测绘，并制作成地图。周懋琦撰写《全台图说》，记录清乾嘉时期台湾的疆域区划，“有图有真相”地佐证钓鱼岛为我国领土。他还建了台湾第一个水库——虎头埤水库。

以周懋琦的字命名的“子玉算盘”，作为一种“加强版”的算盘令人称奇。在第二次鸦片战争之后，洋务运动兴起，近代中国第一座海军船厂——福州船政局成立，周懋琦奉命担任船政提调，和留学归来的技术人员一起设计了中国第一艘钢甲巡洋舰“平远号”。子玉算盘就是周懋琦在建造“平远号”过程中，为解决一般算盘无法满足“平远号”设计中遇到的大量繁复、艰深的设计计算问题而特地设计、制造的。算盘的梁和边框上刻有非常详尽的计量单位、进位关系和计算方法，具有极高的数学研究价值和文物价值。

2015 年 2 月，《清苦忠直梦强国——周懋琦遗珍展》在南通博物苑展出，

位于南关帝庙巷的王宾故居（海门府）的修缮保护工程已经启动

从各个方面立体展现了周懋琦的一生。周家在掌印巷的住宅，其大门与西宅如今保存尚属完整。周宅后门门板上一副木刻的对联十分醒目："莳花须放出头地，种石要立定脚跟。"

王宾故居：古建瑰宝"海门府"

"海门府"位于西南营历史文化街区南关帝庙巷10号、11号，于1983年被列入省级文物保护单位，是西南营历史文化街区内最具代表性和文物价值的院落之一。

不少人望文生义，以为海门府是一座官衙，其实它是一座具有历史文化价值的名人故居，其主人王宾，曾被张謇誉为"为官楷模"。

王宾（1837年—1909年），安徽霍邱河口集人。1861年获拔贡后，曾任袁世凯幼师。1893年，王宾56岁，朝廷委任他赴海门直隶厅任同知。他在海门厅同知位上，九年三任，是海门有厅史以来任职时间最长的"父母官"。

二十世纪五十年代管劲丞先生撰文道："王宅主人王雁臣（王宾的字）曾做海门厅同知，驻在海门，因为它是直隶厅，不作为知府的佐贰官，而是像知府和直隶州知州一样直属于江苏省。因为当时官场爱恭维的习惯，又因为同知有分府之称，便称为海门府了。"

任职期间，王宾积极支持张謇实业救国主张，与张謇一起开发海门，创实业，办学校，修水利，建港口，兴桑田，灭蝗害。王宾1903年离职后定居南通，经张謇推荐，在南关帝庙巷置办了宅院。宣统元年（1909年），王宾去世，张謇撰书挽联，亲往吊唁。

王宾在南关帝庙巷的住宅，分为东西两个大宅院。每院各五进，前四进设厅，厅两侧为房，后进为辅助用房。东宅东北原有小花园，后改为小院。东南角为拐角二层楼，设家庙和书房等。西宅每进天井宽敞，东西两边砌以高墙，每一座天井均有门与东西厢房相连，布局紧凑严整。西厢房在整个建筑群的西北边，南有坐北朝南的小舍三排。

1979年，陈从周教授考察此宅院时做了详细分析："东边第二进和第四进都没有大动过，整齐代表南通的风格，矮而精致。第二进是清代建的，可迟至嘉庆年间。第四进从文物角度看价值高，最迟是明崇祯初年的。西边的墙门上窄下宽，是明式的，未动过，不要动它，保持原样。西边第四进是明末的，是崇祯时候的。柱、梁架都是明的，有麻石阶，可能是明构，清代时移建的。这里的石础是明的，在石础上加木墩，是为了提高房屋高度。明末的，不会错。"

2009年10月，海门市政协等主办了"纪念王宾逝世100周年暨张謇与王宾学术研讨会"，近100名张謇研究者以及来自海内外的王宾后裔参加了研讨。

目前，"海门府"的修缮保护工程已经启动，项目获得国家文物保护专项资金，这一明清住宅、名人故居，将得到更有效的保护。

往事如烟，世事如棋。在寺街、西南营的那些高墙院落内，上演了一个个家族的兴衰故事。梳理西南营街区的名人故居，令人不禁感叹"君子之泽五世而斩"，那些深宅大院往往几番易手，历经几世几劫，荣华富贵不过是转眼云烟。

扎根于这片南通城的文化发祥地，无论是当年的名门望族，还是升斗小民，他们的后人都早已融入到市井的烟火气中了。风流总被雨打风吹去，唯有那斑斑驳驳的粉墙黛瓦、光洁如鉴的青石街面、绳痕累累的古旧井台，还在诉说着岁月的沧桑。

悠悠文脉 成风化人

——追溯街区的书院名校、教育名人

寺街西南营历史文化街区，绵延着千年的文脉，是一方教育的热土。

这里有宋代创办的南通第一所书院——紫薇书院；有历史上办学时间最长、规模最大的紫琅书院；有南通唯一的贡院、试院。南通城里唯一的状元胡长龄、唯一的榜眼王广荫的故居在寺街，“一门两进士”“兄弟同进士”“父子文武双进士”“同宅不同姓两进士”“一宅文武两进士”等18位进士的故居也在寺街。

这里有张謇先生创办的中国第一所本科制的女子师范学校、南通地区第一所公立中学江苏省南通中学……当年，仅寺街这片街区里就有十多所学校。这里不但是基础教育的重要窗口，也是情境教育的实践平台，众多院士、将军、艺术家、世界冠军从这里踏上辉煌之路，无数社会精英从这里开启奋斗历程。

南通千年的教育史由这里发轫，近代先贤的开拓更使这里成为教育之乡的一方沃土。

紫薇书院 · 紫琅书院

我国古代与官学平行存在和发展的教育机构是书院。南通城最古老的书院在寺街街区的北部，名紫薇书院。

关于紫薇书院的记载，最早见于明万历《通州志》卷五《杂志·古迹》:“紫薇书院在州西北光孝塔右，今遗址四水尚存。”

另收入该志的淮南节制参议王应凤撰写的《通州贡院之记》中提及南宋嘉定年间(1208年—1224年)，知州乔行简移通州贡院于紫薇旧宅,“是邦病湫溢，

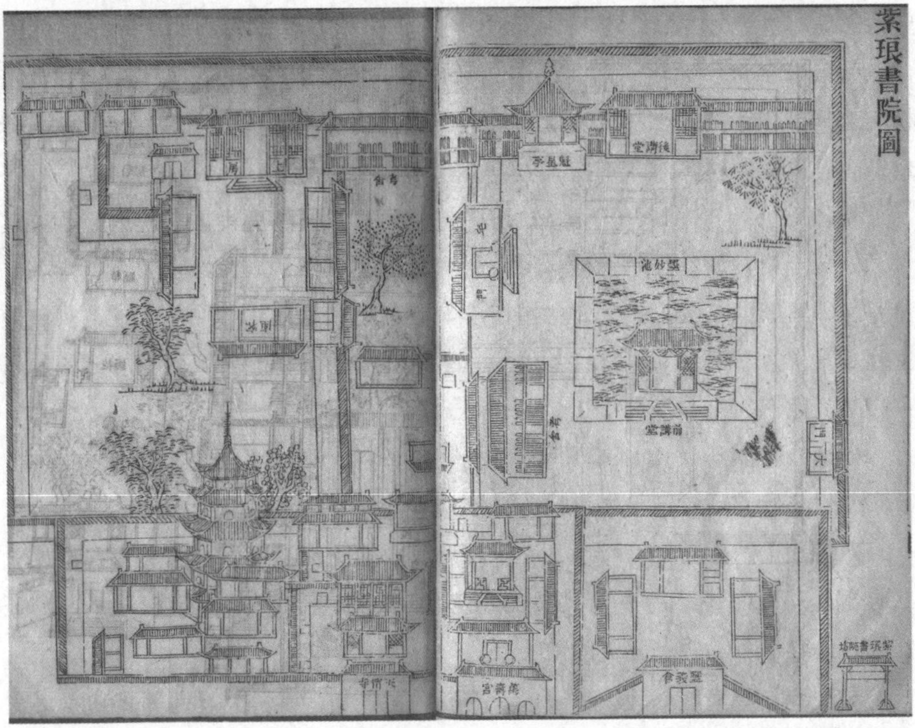

紫琅书院

遂迁于州治西溪紫薇旧宅”，其址有“光孝塔屹立于东南”。

“紫薇”之名与书院方位完全相同，可见为一体。由此得知，紫薇书院是南宋时的一所书院，始办时间不明，停办时间不迟于贡院移建时。书院位于天宁寺西北，相传后来的胡状元府即其址，经实地考察，大体相符。虽然关于紫薇书院的文字记载仅此寥寥，但作为通州城第一所书院，紫薇书院将永载史册。

据称，嘉定年间州官将贡院迁至文气盎然的寺街后，光孝塔成为启动地方文运的文笔峰，科举连连报捷，尤其是嘉熙二年（1238 年），通州士人赴京应试，五人登第，打破了北宋大观四年（1110 年）通州一次三人登第的记录，被全国誉为“利市州”。

南通城内书院最多的时期在明清之际，明正德到嘉靖年间，通州有四所书院，万历年间又设一所。这些书院为时不长，后来有的毁于倭患，有的奉敕令停办。

清朝通州有书院 14 所，其中规模最大、办学时间最长的就是设在寺街的紫琅书院。

紫琅书院位于通州州治北寺街盐义仓后。乾隆十二年（1747 年），知州董权文选择了州治西北部的天真堂旧址建书院，坊额堂舍落成初具规模，定名紫琅书院。后因经费困难，书院一度停办。

乾隆三十一年（1766 年），知州沈雯募捐整修书院房舍。书院大门、讲堂六楹修葺一新，讲堂面临清池，旁立号舍，有亭有楼，宾馆庖湢俱全。书院修整后，聘请浙西名士吴坦来院主持讲学，就读生童学额为各书院之首，书院生童“登贤书入祠林者前后二十余人”。这其中，包括紧傍书院而生的胡长龄、王广荫，他们后来分别高中状元、榜眼。

光绪二十四年（1898 年），清政府谕各省府、州、厅、县改书院为学校，紫琅书院开始向新式学校过渡。

光绪二十八年（1902 年），张謇、张詧兄弟及范当世、孙宝书等人倡议设立通州公立高等小学，在紫琅书院等处兴建校舍。1905 年春学校开学，首任校长为孙宝书。紫琅书院在此前停办。

紫琅书院留给后人的资产有民田 400 余亩，沙田及沙粮田 1 万多亩，这笔遗产为新兴教育的发展做出了重要贡献。

通州女子师范学校

女师门楼 **包钰绘**

柳家巷 15 号是中国第一所设本科的中等女子师范学校旧址。

张謇于清光绪二十八年（1902 年）创办了中国第一所独立设置的师范学校——通州女子师范后，以“女子教育不可无师”“小学师宜女子”为旨，在光绪三十一年（1905 年），与张詧、陈启谦、徐联蕖等筹建女子学校，捐输私资购买城北柳家巷陈氏旧宅，修葺为校舍，以“通州公立女子学校”之名设校。

光绪三十二年（1906 年）三月

通州女子师范学校门楼(柳家巷15号)

二十五日刊布校章，正式招生开学，学生分初、高两等两级，共35人。同年11月，改名为“通州公立女子师范学校”，以初高等为附属小学，同月招收新生。光绪三十三年（1907年）正月，分师范、高等、预科及初等四级，系全国第一所设有本科的女子师范学校，民国后改称南通县立女子师范学校。

创校初，总理为张督，协理为张謇。首任校长为范当世的夫人姚倚云。创办初期，女师教学课程设修身、国文、历史、地理、家事、算术、体操、唱歌、图画、手工及缝纫等。曾聘有日籍教师森田政子。光绪三十二年（1907年）还增设了英文课。

张謇认识到女子教育事关国民素质的改善，将其视作教育救国体系中的重要一环。张謇更注意到，在幼儿教育及小学基础教育中，女教师具有天然优势，通州女子师范学校的主要办学方向就是为幼儿园、小学培养师资。当然，张謇也受儒家传统思想的影响，认为女子教育的主要目的，还在于培养能够相夫教子、温良恭俭的现代贤妻良母。从通州女师的校训“勤俭温和，服习家政”中可以看到早期的办学理念。但随着社会的进步和观念的更新，学校师生并不受传统思想的束缚。平日学生中有自治会组织安排，教师协助指导，每天课后有体育活动，经常组织讲演会、文艺讲座、征文征画活动、书法交流、球类比赛、话剧演出等。

学校大门朝西，进门后有一小空场，现为东西走向的小巷道，巷道北侧有并列西、中、东三排屋，排与排之间都有火巷或回廊相隔。中排屋有内宅客厅(现已封闭)，进门厅有朝南屋三进，均为七架梁；西排屋第二、第三进原为小花园；东排屋东侧有一小圆门，圆门东原为空地，为女子师范学校的小操场。

后因学生数增加，校舍不敷使用，宣统元年（1909 年），学校购市河岸明朝蓟辽总督顾养谦珠媚园旧址及左右民舍，改建为新校舍后，女师迁离柳家巷。附属小学还在此办学，后来才迁出。

女师于 1958 年并入南通师范，前后共培养毕业生 2053 人，向南通乃至全省、全国输送了大批德才兼备的师资，功不可没。

江苏省南通中学

南通中学老校门

寺街街区里有条中学堂街，街道以学校命名，足见其学校的名望之大。

这座学校就是清末民初兴办新学时，由晚清状元、著名教育家张謇会同范当世、孙宝书等人集地方官绅议创的南通地区第一所公立中学——通海五属公立学校，也就是现在的江苏省南通中学。

学校因为是由通州和当时的如皋县、泰兴县、静海乡，还有海门厅分筹建筑费，故名为“通海五属公立中学校”。清光绪三十二年（1906 年），张謇邀集通海五属官绅 40 余人，正式议定办学事宜，公推孙宝书先生任中学监督并主建校舍，并于光绪三十四年（1908 年）全部落成。

清宣统元年（1909 年）二月十六日，该校正式开学。主持建校的孙宝书任首任监督（校长）。

从创立至抗战前夕，体制屡改，校名数易，人事更替。民国二年（1913 年）改为省辖，更名为“江苏省立第七中学”。1927 年起改称“江苏省立南通中学”。

南通中学校园位于南通城的北濠河边，北极阁下，天宁寺光孝塔旁，东至丰裕仓，西至天宁寺，南至州廨，北至北城墙。校址系旧盐义仓，并包括天宁寺东院和万寿宫，光孝塔一度也属中学范围。民国初年，改庙兴学是个潮流，张謇创办通州师范学校，就是利用城南千佛寺的旧址改建的。

学校大门南向狼山，用四根大石柱加横条竖立，下面有石狮和护石，上面横着条石，形成牌坊，石柱平顶有刻制云纹。中间石柱横条间有整块大理石，上面刻着“公立中学校”五个隶书大字，后面刻有建校年月，都是张謇所题写的。

很多通中学子都记得，当年在校门入口通道的正中，设有一面很大的座镜，高 1.5 米、宽 1.2 米。镜子清澈明亮，一尘不染，映照着走进校门的每一位学生。镜子正方镌刻着八个秀丽的楷体字 ：“整其衣冠，尊其瞻视。”学生进入学校便能对照座镜审视个人仪表，规范自己的举止。

学校沿北濠河建围墙，东北角则为北上真殿，那是当年通州城北门的遗址，下有残存城墙十几米。校园呈大“目”字形环楼布局。其后有大操场。操场东

袁运甫为南通中学九十华诞创作的壁毯画《永恒的纪念》

通中学子

西两边，各有雨操场，呈长方形。雨操场北还有网球场。

南通中学自始建起，就注意营造一个优美的校园环境。经过前两任校长的努力，已初具规模，并有园林韵味。据早期在通中求学的学子回忆，每当黄昏日暮，明月东上，邻近的古寺，疏朗的钟声，伴着徐徐清风，清香四溢。扶疏花木中的阅览室、标本室陈列各种图书杂志和生物标本，还有娱乐室备有中西乐器，以供学生观览研习。并畜禽鸟、植树木、培植花卉，使学生“多识草木之名”。学生在紧张学习之余，有一个环境既优美又幽静的去处“息焉游焉”一番，既有利于身心健康成长又陶冶审美情操。

南通中学自创立之日起，校董们就求贤若渴，不惜以高薪延请名师。知名学者、教授如陈师曾、何簣庵、朱东润、姜亮夫、徐益修，著名文艺批评家胡风，南通四才子中的曹勋阁、顾贶予，以及著名教师崔朝庆、陆颂石等都曾先后在校任教。1920 年，美国教育家杜威在考察南通中学后发表演讲说：“南通者，教育之源泉，吾尤望其成为世界教育之中心。”

1913 年，张謇先生为南通中学题写校训“诚恒”。

“诚恒”是张謇先生在艰苦卓绝的创业过程中提炼出来的做人、做事、做学问的道理。创始人张謇的“诚恒”校训，首任校长孙宝书刻苦自励的精神，第一批教师博大精深的学养，给学生奠定了“诚于做人，恒于学问”的基础。

南通中学的师生素有追求真理、热爱祖国的光荣传统。早在辛亥革命前后，校中即有隶属于光复会的“侠团”组织。

“五四”时期，“全校学潮叠起，学生相率罢课”。第二次国内革命战争时期，通中即有学生参加早期的南通地下党组织。在党的发动领导下，学生投入了“五卅”“一二·九”等反帝、抗日救亡运动。二十世纪三十年代初，不少学生教师投奔中国共产党，成为抗日民族解放斗争的志士。为了新中国的成立，南通中学先后有29位师生献出了自己宝贵的生命。

南通中学在教学上注意精选教材，在教法上反对死记硬背，在学法上提倡灵活运用，在教学之余还开辟了丰富多样的课外活动。一方水土养一方人，南通中学老师讲课“要言不烦，思维严谨，解题精练，点拨有方”，并根据时代发展，给沿袭百年的“诚恒”校训不断充实新的内涵，进行了一系列教育改革和实践，先后培养出蔡金涛、袁瀚青、黄耀曾、王之卓、施雅风、管惟炎、保铮等科学家以及数学家杨乐、李大潜，法学家韩德培，人类学家周国兴等中科院院士、中国工程院院士、外国院士、荣誉院士24位，孕育出了世界级的文学艺术家王焕镳、陆侃如、赵无极、范曾和体育世界冠军张洁云、李菊等25位之多，同时，一百多年来培养了难以计数的社会中坚力量。

如今，百年通中展新容，现除校史馆为清末建筑，其余均已旧貌换新颜。走进古铜色的学校大门，迎面右前方一块巨大的山石，篆刻着通中“诚恒”校训，左前方是一棵百年樟树。掩映在枝叶蓊郁的老樟树后面的是艺术长廊和健雄馆，艺术长廊里陈列着通中艺术家校友的代表作品，健雄馆里的荣誉室中展现着通中体育明星校友当年的风采。

“诚恒楼”前绿化带中央，一本打开的厚书上镌刻着“追求人品与学问同步卓越”11个大字。新建的教学大楼、实验中心、图书馆错落有致，整个校园建筑于凝重中透出浓浓的书卷气。千年古刹天宁寺与校园仅一墙之隔，在光孝塔的飞檐翘角的映衬下，更彰显通中根植南通历史文化沃土的人文色彩。校园西南角一带的古楸树、古色古香的小红楼以及石狮、古井、影壁、花墙等遗存则透着历史的厚重和沧桑。

南通中学新操场

南通市实验小学

南通市实验小学校门

走过寺街的孩子们

南通市实验小学，位于寺街 88 号，始建于清光绪二十八年（1902 年），是张謇及范当世、张师江、孙宝书等会请两江总督创建的通州第一所高等小学。

核准后，公推范当世、张师江为正、副总办，利用紫琅书院旧址及原为天宁寺的屋宇毗卢阁为校基，建校舍 190 多间，共占地 16.5 亩。学校位于寺街街区的北端，北面是一环碧水濠河，南面是祥云缭绕的光孝塔、枝叶参天的古银杏，真是一处清静幽雅的读书好地方。

光绪三十一年（1905 年）冬，学校竣工，取校名为“通州公立第一高等小学校”，孙宝书任总理（校长）。当年 3 月 20 日开学，招考第一批新生 63 人。作为新式学堂，学校订有详细的办学目标、方法，实行校内监护与家庭联络相结合的制度，进行严格的操行考查，可谓奖惩分明。

学校以“勤敬”二字为校训。首任校长孙宝书，在每周的师生例会上必谈“勤敬”。

该校后相继更名“县立第一高等小学校”“城北小学”“南通专区实验小学”等，历史多次赋予这所小学开拓创新的使命。

这所小学的师生受爱国思潮影响，在历次革命斗争中挺身而出。1915 年，城北小学的师生举行国耻演讲会、国耻纪念运动会。“五四”时期，学校学生曾投身本市掀起的反帝爱国学生运动。抗战阶段，部分教员排演《父归》《囚徒之歌》等进步戏剧，抵抗日寇的文化侵略。解放战争时期，在反内战、反饥饿的斗争高潮中，学校师生散发救国传单。后并入实验小学的原女师附小第二分部（解放后改名“北濠小学”，1975 年重又并入实验小学），是进步青年的活动场所之一。

中华人民共和国成立后，学校摈弃旧式教育，沿用“城北小学”校名，被定为南通专区重点小学，成立了中国共产党支部，改善了办学条件。学校明确了为工农办学的方向，免费招收工农子弟，免费生达 50%。

1952 年，学校承担五年一贯制的实验教学任务，取得了可喜的成绩。1953 年开始，学校更名为“南通实验小学”，列为市重点小学校之一。师资力量得到加强，逐渐形成了一支在语、数、音、体、美各科教学中有专长的骨干教师队伍。

十一届三中全会以后，学校逐步健全各项规章制度，恢复和加强各科教学研究组织。1981 年，学校被江苏省教育厅定为省实验小学。

1983 年后，学校定班进行现代教学专题实验，全面贯彻党的教育方针，学校的思想、体育工作得到应有的重视，取得了可喜的成绩。

南通市实验小学以卓著的办学业绩回报家乡父老对这所百年老校的厚爱：先后获得江苏省名小学、江苏省教育科研先进集体、南通市模范学校、少先队全国优秀红旗大队等荣誉；而中科院院士袁瀚青、袁运开、马瑾，世界冠军赵剑华、吴健秋、张洁云、殷勤等一大批曾经的“勤敬”学子名扬天下，以他们优异的成绩为母校添彩。

南通市实验小学校园

创始者：张謇及几位首任校长

2020 年 11 月 12 日，习近平总书记来到南通博物苑调研，称赞张謇是我国民族企业家的楷模。此前，在 2020 年 7 月举行的企业家座谈会上，习总书记赞扬张謇是爱国企业家的典范。

张謇在濠阳小筑内留影

张謇（1853 年—1926 年），字季直，号啬庵，生于海门厅长乐镇（今南通市海门区常乐镇）。张謇为清末状元，是我国近代著名企业家、教育家，为中国近代民族工业兴起、教育和社会公益事业发展做出了重要贡献。

张謇先生目睹国势衰颓，怀抱教育强国的理念，提出“父教育，母实业”的主张，于 1902 年在南通创办了全国第一所独立设置的师范学校——通州民立师范学校，实践“兴学之本，惟有师范”的主张。随即，具有千年文化传承的寺街也在张謇先生的影响下掀起办学之风，新学堂如雨后春笋般冒出。

到 1925 年，在张謇先生的引领和力行之下，通海地区已经兴办中小学校 370 多所，农业、纺织、医学、女红、戏剧等专门职业学校十多所，还有幼稚园、盲哑学校等学前教育和特殊教育学校。期间，张謇还出资创办、参与兴办了南通大学等多所大学。在张謇的苦心经营之下，南通出现了从普通教育到职业教育乃至特殊教育等各种各类学校，遵循由低到高的教育规律，基本形成适应社会经济发展需要而又相互衔接、互相配套的完整的教育体系。

张謇的办学历程艰辛异常，尽管有大生企业作为教育的后盾，但经费依旧不足，他长年累月鬻字筹款，弥补学校教学开支。他说：“上而对于政府官厅，无一金之求助；下而对于社会人民，无一事之强同。对于世界先进各国，或师其意，或撷其长，量力所能，审时所当，不自小而馁，不自大而夸。”这就是张謇在国难当头，民族危难时刻的心声和行动，也是他的责任和担当。

清末民初的 30 年，张謇的教育思想切准民族独立和社会发展需要，引领了时代潮流，因此，1906 年他被选为江苏教育总会会长，任期长达 14 年之久。1911 年还兼任中央教育会会长。张謇的办学模式与业绩成了中国近代教育的典范。

让我们看看张謇先生播撒的教育救国种子，是如何在寺街生根开花的：

1904 年，祖居寺街的秀才、私塾先生施仁政紧随张謇脚步，先借用华王庙，后又集私资购房买地，在寺街 51 号创办了南通第一所私立小学——私立养正初等小学。

1904 年，张謇先生会同南通名流范当世、孙宝书等人，在原紫琅书院这块钟灵毓秀、得天独厚的人文胜地，开始创建新学堂。1906 年，通州公立第一高等小学在寺街建成招生。

1906 年，张謇、张詧等购入现寺街街区柳家巷 15 号陈氏旧宅，创立了全国第一所设有本科的中等女子师范学校。

1906 年，张謇、孙宝书邀集通州、海门、如皋、泰兴、静海乡的官绅 40 余人筹办了南通第一所中学——通海五属公立中学校，“以通州盐义废仓地兴校舍”，孙宝书任校长。

随后的年月里，寺街又陆续建立了江苏省立南通小学、北濠小学、私立南通贫儿院、古郡庙小学、官地街小学、卍慈国民小学，还有城中幼儿园等，弹丸之地的寺街街区竟有学校 14 所。

在古书院、新学堂的悄然更替下，再加以张謇先生为代表的一批先贤的引领，寺街街区里涌现了众多教育名人、名师，他们或为办学筚路蓝缕，或为教学呕心沥血，在南通教育史上留下了他们闪光的名字。

【通中、实小两所学校首任校长孙宝书】

孙宝书（1856 年—1913 年），字敬铭，江苏通州人。孙宝书先生是光绪年间进士，曾任户部主事。在京为官期间，受先进观念的影响，对教育甚为重视。后见清室腐朽，民族之前途迷茫，便回到家乡专于教育事业，欲以教育振兴民族。

孙宝书是通州公立高等小学校和通海五属公立中学校两所学校的首任校长，他还主建城北高等小学、修捐狼山初等小学，并担任南通教育会会长等职，为南通成为教育之乡做出了开创性的贡献。

孙宝书在教育方面的思想与张謇先生实业救国的理念是一脉相承的。他以其博学之才，亲自教书育人，受业者皆学有所成。在学校经费严重短缺时，他常将自己的薪金捐献给学校，分文不取而勤敬有加。他为南通教育殚精竭虑十余年，1913 年 9 月，孙宝书先生在参加南通养老院落成典礼上突然中风，旋即病逝，没有给家人留下任何积蓄。

值得一提的是，在辛亥革命中，孙宝书与张詧等地方人士积极推动南通光复。1911 年 11 月 8 日，上海光复军特派许宏恩乘军舰来通。孙宝书率领地方商、学代表及学生数百人，赴芦泾港迎接。在南通光复后成立的军政分府中，孙宝书担任民政长。

孙宝书逝世后，张謇为其写下挽联：图乡闾教育十年，零落渐伤同辈尽；积模楷声名一世，继承端望后昆贤。

在通中 90 周年校庆的时候，为纪念这位为教育事业做出杰出贡献的老先生，学校特地将新建的办公楼以宝书先生的字命名为“敬铭楼”。

【通州女子师范首任校长姚倚云】

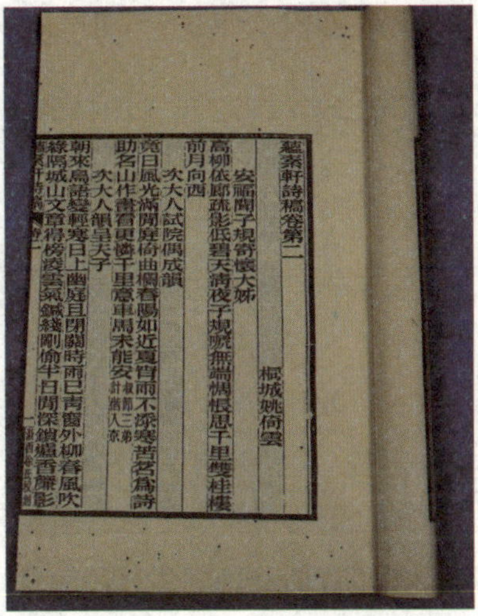
蘊素軒詩稿卷第二
桐城姚倚雲
安福聞子規寄懷大姊
高柳依鄉疏影低碧天清夜子規號無端惆悵思千里雙桂樓前月向西
次大人試院偶成韻
竟日風光滿閑庭倚曲欄春陽如近夏宵雨不孫寒昔名爲詩助名山作畫看更憐千里意車馬未能安叔節三弟計偕入京
次大人韻呈夫子
朝來鳥語變輕寒日上幽庭且閉關時雨已青窗外柳春風吹綠隔城山文章得傍凌雲氣鐵綫剛偷半日閑探鑽爐香簾影

姚倚云诗集

姚倚云（1863 年—1944 年），字蕴素，安徽桐城人，她是清代桐城派宗师姚鼐的曾侄孙女、近代著名爱国人士姚莹的孙女。姚倚云又被世人称为范姚夫人，她一生倾心教育，是中国女子师范教育的奠基人和开创者之一。

1888 年，出身于桐城派文学世家的姚倚云，与千里之外的通州才子范当世喜结良缘，促成这段美好姻缘的是清末著名文学家吴汝纶。而范当世与姚倚云，正是通过诗歌这一媒介结缘，成就了两个文学世家的美满结合。

姚倚云是一位女诗人，著有《蕴素轩集》12 卷和《沧海归来集》10 卷。范当世是清末杰出诗人、同光体诗派的中坚人物，是张謇在通州兴办实业、教育事业的热心支持者。

范当世认识到封建科举制度的弊端，开始寻求教育救国之路，他决意不再参加进士考试。姚倚云对此表示了极大的理解和支持，她坦然地对丈夫说："一生师友恩情重，半壁江山感慨多。便学鸿光能举案，由来孔孟未登科！"她赞成范当世教育改革的主张，并在范当世英年早逝之后，投身于推动社会进步的教育改革实践之中。

1906 年，张謇创建通州女子师范学校，聘范姚夫人为校长。为了继承丈夫的遗志，她欣然就职。从此，姚倚云致力于南通的教育事业，投身于推动社会进步的教育改革实践。

家庭的影响，桐城文化潜移默化的熏染，让姚倚云心胸广博，目光深邃，其具有前瞻性的办学风格，影响了当时国内的教育界。她在南通女师当校长 15 年，亲自授课，建树颇多。在她的苦心经营下，学校建立了从初小到师范本科的完整教育体系，她为南通女子教育事业贡献了毕生的精力。姚倚云 70 岁以后，还曾担任过南通红十字会会长。

1944 年 10 月，教育家、诗人姚倚云走完了她 81 年的传奇人生，在南通溘然长逝。

【平民教育家、养正小学创办者施仁政】

施仁政（1872 年—1944 年），字德涵。在寺街街区，曾有一所私立养正小学（即后来的寺街小学），这所学校是平民教育家施仁政由自办私塾扩充发展起来的。

校长施仁政以“勤俭诚恒”为校训，他为人正直，清廉朴素，深得教育界人士敬重。民国时期，他曾被全县小学教师推举为代表，与有关方面交涉，成功维护了教师利益。作为前清秀才，他紧跟时势，为提高教学质量，虽年过半百，毅然在大暑天携带干粮，只身专程赴南京，参加东南大学教师进修班学习。

施仁政将培养学生的优良品质作为办学宗旨。为了不让穷人家的孩子失学，学校对附近的贫困学生一律免费。养正小学从开办以来，每年接纳的贫困免费生占学生总数的 10%—15%，这对于一个私立小学校来说，是一个艰难的善举。

施仁政校长理解同情革命，支持二儿子史白（施春瘦）、小儿子斯达（施馥寿）从事学运、工运等革命活动。两个儿子因参加革命活动先后被捕入狱，他不顾年老体弱，身患疾病，利用一切社会关系全力营救。二十世纪三十年代，白色恐怖笼罩南通城，在施仁政的默许下，养正小学成为掩护中共地下党组织秘密工作的红色基地。寺街 51 号因此成为寺街的革命遗址之一。

养正小学校址在寺街51号，这里曾是中共地下党组织秘密联络点

1938 年 3 月，日寇进犯南通。施仁政毅然停办养正小学，前往革命根据地，靠种几亩薄地维生，让参军抗战、坚持游击教学的两个儿子无后顾之忧。1944 年，为掩护二儿子史白由根据地潜回南通从事中共地下秘密联络工作，施仁政不顾年事已高，重振已停办六年的养正小学，安插中共地下党理明和与地下党有联系的进步教师，使学校成为掩护革命活动的场所。1944 年 8 月 16 日，抗战即将胜利之际，施仁政终因操劳过度，不幸去世。

名师录：国学大师徐益修

徐益修肖像

徐昂（1877 年—1953 年），字益修，号逸休。他是一位毕生致力于国学研究，集前哲大成的现代易学大师、声韵学大师，他的研究成果在当代国学界享有很高的评价。

徐益修 1877 年农历十月初十出身于南通寺街 59 号书香世家。年少时即勤学苦读，年轻时曾受教于如皋管仲谦，通城孙敬铭、孙伯龙、范伯子诸名家，以第一名秀才入庠。因无意功名，不再应试。

自 1908 年始，徐益修先后任教于通州师范、南通中学、南通女子师范等学校。课暇致力于国学研究。1935 年后任杭州之仁大学教授。1939 年兼任无锡国专教授。

徐益修端方高洁的人品和渊博的学识，深受学生爱戴。

他对学生循循善诱，造就的人才遍布各地。原北大副校长、中国科学院社会科学院院士魏建功；原山东大学副校长、深谙中古文史的陆侃如；原浙江文史馆馆长王焕镳；全国著名的建筑专家陈从周；任铭善、蒋礼鸿等著名教授及国画大师王个簃等，均为徐益修的入室弟子。

徐益修秉性淡泊，不慕荣利，一生守正不阿。抗战前，有位政府官员，慕名愿以 200 银元为润笔之资，恳请为其母六十寿诞作序，徐益修对其为人颇为不屑，婉言谢绝。对于一位孤苦廉介、泊然无营的书生，他却不待邀约，不吝笔墨，写了《丁老人传》。在通中任教时，特为专司校钟的工友写了《书陈老人》，称赞其勤谨守职的行为。

1941 年，徐益修自沪返通，虽全家断炊，仍严拒日伪政府的聘任和馈赠。次年，徐益修冒着生命危险，毅然穿越封锁线，赴设在苏中四分区的南通县中温家桥侨校任教，每月以领公粮养家，过着清贫的生活。徐益修“饥犹择食”的名言，遂在苏中抗日民主根据地广为传颂。抗日战争胜利后，徐益修因年事已高，退休故园，整理毕生著作，汇编《徐氏全书》。

徐家的客厅，徐益修的照片挂上就没有动过

徐益修为人平易随和，生活俭朴，常年着布衣布鞋，世人尊其称为“布衣先生”。家居寺街，无论是往中学堂街通中授课，还是前往数里之遥的女师兼课，都是安步当车，从不雇车。遇刮风下雨，则随身携带一把雨伞，仍然徒步往返。

徐益修潜心治学，孜孜以求数十年。为更好地教学，他持之以恒，循环背诵《康熙字典》《英文字典》《日文字典》，背熟一页即撕去一页，人又称其“三典先生”。

徐益修博古通今，一生致力于国学专著的撰述，数十年如一日。其对《周易》的研究更是独树一帜。《周易》是中国古典哲学的奠基之作，是汉学群经义理之源。西汉今文易学的开创者京房（公元前 77 年—前 37 年）曾著《京氏易传》三卷。前人晁景迁曾经用象数辨证《京氏易传》文字的错误，但晁氏的错乱讹误仍层见叠出。徐益修通过深入研究，纠正了前人的错误。当时的研究条件很差，徐益修治易学、音学没有师承，“又无愿得之书”，全靠自学，艰难到了极点。但徐益修义无反顾，全身心地投入到这个艰难之中去，忘我钻研，一丝不苟，锲而不舍。

“乃殚思极虑，研索推求，坐卧眠食，舟车旅寓，随时随地，神思系焉。”他曾说：“学问难，我无奈它何；我不怕难，它亦无奈我何。”其治学态度的谨严和坚毅于此可见一斑。1933 年，徐益修患湿瘟，病情危重之际，他仍“挂念著稿，它无所系，茧然待尽”。经过孜孜不倦的努力，徐益修终于完成了《京氏易传笺》(《徐氏全书》第一种)，这是一部对《京氏易传》加以详尽注释的专著，其中对晁著的谬误也一一进行订正。徐益修这部专著直追汉儒，穷其本源，剔抉精微，阐前人所未明，还京氏易学以本来面目，使西汉易学重现异彩。

近年来，在世界范围内出现了“周易热”，徐益修的研究得到国内外学者的推崇。徐益修的易学专著继往开来，为中外易学研究者深入研究《周易》指明了途径，提供了方法，扫除了障碍，开拓了世界易学发展的道路。

徐益修的易学巨著当推《周易对象通释》。该书以归纳为原则，全面、精辟地通过分析对象，贯通易理，阐明消息变化之道，对《周易》理论的笺释达到融会贯通、和谐完美的地步。自 1929 年起，徐益修有关易学、音韵学、杂学的专著单行本陆续问世，共著有《易林勘复》《京氏易传笺》《释郑氏爻辰补》《周易虞氏学》《周易对象通释》《诗经声韵谱》《楚词音》《石鼓文音释》《说文音释》《等韵通转图证》《诗经形释》《文谈》《马氏文通正误》《休复斋杂志》等 30 余种国学专著，计 120 万字。1952 年汇编为《徐氏全书》出版，入藏于全国各大图书馆。二十世纪七十年代初，海外亦精装出版了徐益修的部分国学专著。

中华人民共和国成立后，徐益修任南通市第一届各界人民代表会议特邀代表，并受聘为江苏省文史馆馆员。1953 年 11 月 16 日（农历十月初十），病逝于休复斋故居。

名师录：文章巨子易作霖

胡家园 3 号为南通教育名家易作霖宅。易作霖（1897 年—1945 年），号剑楼，为清代武进士易崑之后人。易作霖从小天资聪颖，熟读经书，为通州师范学校第十一届毕业生。

青年时期的易作霖就已经在语言学领域表现出卓越的才华，有多本语言学著作出版。1920 年，刚刚 23 岁的易作霖就受聘于上海中华书局任编辑，与徐悲鸿、黄炎培结为好友。这一年，易作霖投身波澜壮阔的文字改革，撰著出版了一本专论国音的学术书籍——《国音学讲义》，开创了中国语音标准之先河，

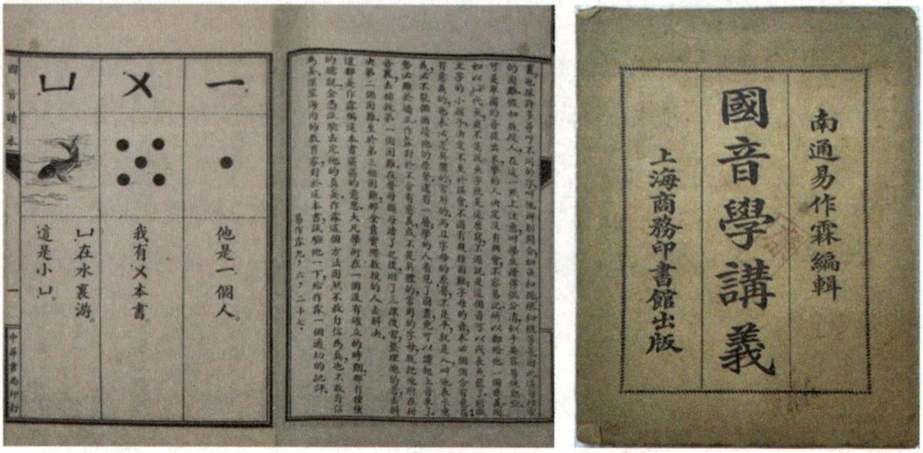

易作霖首创字母读音图解教法，该方法一直沿用至现代幼儿学习汉语拼音

是语音研究史上的奠基之作，为中国文字读音的界定建立了标准，对国语读音的研究、发展及推广普及做出了巨大贡献。

这本书自 1920 年 6 月由商务印书馆出版后，影响相当大。1921 年 7 月，国民政府教育部经国语统一筹备会专家审核批准，将本书作为全国各地教授国音参考用书，此后仅一个月时间里就已发行至第五版。在近一个世纪后的 2010 年，本书再次由大陆和台湾商务印书馆重版。后者给予很高的评价，认为《国音学讲义》一书，“即使在其问世近百年后的今天，仍不失为中文系学子学习语音声韵之基础模板”。

同年 6 月，易作霖编辑的《国音读本》完稿，8 月由中华书局印行。此书为初小识字课本，首创字母读音图解教法，他因此成为移植使用注音字母作为识字工具的第一人。此书一出，即一改注音字母难学难记，纯学术研究的“阳春白雪”的状况，使注音字母成为“下里巴人”学习汉字的工具，此教学法一直沿用至现幼儿学习汉语拼音。

1921 年，民国时期教育部门为提高国民文化，聘请学者鲁迅、叶圣陶、黎锦熙等共同撰写用于学校教学的学习课本，年仅 24 岁的易作霖也在被聘之列。同年 3 月，易作霖与黎锦晖、陆依言、沈问梅等人又同时受聘于上海国语专修学校，成为一名年轻的教授。

1922 年 7 月，易作霖当选为南通县教育会副会长，后任会长。

1923 年，教育部国语统一筹备委员会要组建国语罗马字拼音研究委员会，指定时已成为全国知名学者的易作霖与黎锦熙、赵元任、林语堂等 11 人参加。

1924 年，在国音研究方面颇有建树的易作霖，又将自己语法研究的成果进行了总结，由中华书局印刷发行了《国语文法四讲》。这是一本在语法史上有独特价值的专著，其语法研究的科学性、合理性完全超越了同一时代的同类作品。这本有创见的书也很有生命力，2010 年中华书局再次重新出版发行易作霖的《国语文法四讲》，本书多年后仍为一些语言文字专家充分肯定。

在国语统一运动和新文化运动中，青年易作霖以其学术建树崭露头角。南通最早到省里学习国语拼音字母的是易作霖、丛介生。回通后，他们就向小学教师和师范学生传习，这是南通推广普通话的起源。

此后，易作霖逐渐淡出学术界，专注于国民教育与慈善事业。

1926 年，张謇逝世后，通州师范学校、女子师范学校教育经费严重困缺，举步维艰，甚至面临停办危险。易作霖通过多次调查，在 1927 年提出开源节流建议：将长江沿岸冲积而成的高沙土由国家收回经营，筑圩成田后租赁于私人耕种，所收租金作教育经费、开渠筑路造桥所用。此建议经省教育厅、各主管局开会合议，于 1928 年 4 月形成决议，报省政府批准。此举有效纾解了南通及沿江口岸城市的教育经费困境。

1929 年 11 月，时为通州师范学校校董、中央大学行政学院的常任视学易作霖被委任为江苏省教育厅督学。易作霖在任县视学及省督学期间，严格法纪，奖惩分明，所到之处教学风气为之整肃。

1929 年 12 月，易作霖与老友、职业教育家黄炎培就“如何办好慈善教育”进行了理论探讨，树立了改变一般慈善教育以“教养兼施”为目标，进步为“教使自养”为宗旨，培养独立生活之健全公民为目的的慈善教育理念。

1930 年，徐赓起、易作霖等社会文化精英 19 人共同发起筹建贫儿院。后来易作霖还亲任校长，将他与黄炎培的慈善理念付诸实践。他将文化普及教育及职业教育相结合，免费让贫困儿童寄

易作霖的书在网上商城仍然有售

宿学校，不仅学文化知识，还接受不同的职业培训，以半工半读方式扶助培养贫苦儿童。

1937年，抗日战争爆发，南通城的日伪想利用易作霖的社会地位，游说他进行合作。易作霖严词拒绝，选择了跟随撤退中的江苏流亡政府教育厅由省会镇江北迁，辗转至兴化、宝应，继续担任教育厅督学。

1942年至1943年，易作霖任江苏省敌后流亡政府民政厅主任秘书、摄政厅长等职。后日伪政权不断蚕食，在省政府即将解散前夕，易作霖选择了在敌后办学，教育救国。

1943年春，原为崇敬中学董事长的易作霖决定将处在停顿中的该校迁至敌后坚持办学，为爱国青年开辟一方学习的绿洲。易作霖带领全家肩挑背扛着其视若珍宝的两大书橱的线装古书，转移到泰县姜堰第六区吕庄一带，召集姚白予等一班挚友，倾尽家产合力重建崇敬中学，亲自担任董事长兼校长，在敌后树起一面教育救国的大旗，开始了一段不屈不挠的战火中的教育苦旅。

易作霖亲拟校训“艰苦自立、忠实不欺”，开设初中和高中课程，聘请好友及知名教师授业，并亲自讲授国文课，每天带领学生晨练。

崇敬中学虽地处偏僻，但因乡间道路的关系，直径与日伪相邻很近。每逢日伪扫荡，易作霖总是让师生先撤退，他坚守在炮火、枪弹纷飞的校园直到最后一刻。就是在日伪清乡扫荡最艰难的日子里，全校师生利用田野、树林、农舍，与敌人机智巧周旋，从未停过一天课。

在这期间，易作霖还一直与青年时的好友黄炎培保持密切联系，并通过他与当时的联抗司令黄逸峰（解放后任华东军政委员会交通部长）、苏皖边区第九分区专员叶胥朝（后任江苏省政协副主席）等新四军干部、共产党人交往，思想也不断更新进步。在新四军和抗日民主政府的支持下，学校后来得以扩大，校舍焕然一新。而身心交瘁、操劳过度的易作霖，身染痼疾，卧床不起。黄炎培和新四军友人闻讯设法寻来进口药品，但他执意不肯服用，坚持每日煎熬服用中草药。家人劝他回医疗条件相对较好的南通城，他因不愿在日伪盘踞下生活而不肯回。病危仅存一息之时，家人按照叶落归根的习俗，不顾他的反对雇一小船，星夜驶往南通城。船刚行至白蒲，易作霖不幸撒手人寰。其时为抗战胜利前夕的1945年3月29日，距河山光复，不到半年。

才华横溢、成就斐然的易作霖去世时年仅48岁，噩耗传开，友人无不潸然泪下，扼腕叹息。姚白予评价易作霖：“一生尽瘁教育，终为教育而死，真是教界之典范！”次年，南通地方名流组织追念委员会，尊之为“文章巨子，教育名家”。

民国初期，寺街街区有两位名为“作霖”的知名学者，另一位是住在寺街3号的白作霖。白作霖，字振民，系民国时期教育界名流。他是鲁迅先生在教育部的同僚，辛亥革命烈士白雅雨的侄子。白作霖开中国教育比较法先河，为中国民政法研究的鼻祖。1917年，白作霖先生在返通所乘的轮船上，突发疾病去世。

名师录：科学史家袁运开

袁运开（1929年—2017年），出身于寺街石桥头巷27号的一个书香门第。

1979年8月，被教育部任命为华东师范大学副校长，是新中国第一位民选的副校长。1984年任华东师范大学校长。他终身致力于自然哲学、教育学，是中外著名的科学史家，国际欧亚科学院院士。

袁运开家中兄弟姐妹八人，仅靠在商业中学当图书管理员的父亲微薄的工资养家，经济比较拮据，但是家庭的文化氛围十分浓厚。因父亲喜欢书画，在他的熏陶下，子女都爱绘画，袁运甫、袁运生后来都成为著名画家。作为大哥的袁运开从小学到初中，一直学国画、练书法，为当一名画家而努力。后因为他从初一到高三，每学期的成绩都是全班第一，老师劝他改攻理工。随着年龄的增长，袁运开更多地接触到自然科学后，也认为自己更善于理性的思考与探求，于是，1947年夏天，袁运开进入了浙江大学物理系学习。

在大学期间，袁运开因为成绩好，一直享受着奖学金。奖学金不仅够日常支出，还可余少量的钱去买书。袁运开就这样度过了清苦却愉快的大学生活。

1951年夏天，正当新中国第一个五年计划即将开始、国家急需要大量人才的时刻，袁运开从浙江大学理学院物理系毕业了。他大学毕业后，由国家统一分配，到上海华东师范大学从事教学工作。青年教师袁运开“又红又专”，深受学校师生的好评，1955年，袁运开成为一名光荣的中国共产党党员，被学校党委派去学哲学，学完哲学又去学习恩格斯的《自然辩证法》和自然科学

袁运开为网站题字

史。袁运开从原来的物理学研究，转向了科学史与自然辩证法的研究，进入了自然科学与社会科学的交叉领域。

从二十世纪六十年代开始，袁运开在科学史与科技哲学、科学普及与物理教育、教育科学方面，取得了引人注目的辉煌成就。尤其是改革开放以后，袁运开编写了大量的论著。其中，关于科学史、科学观、科普作品、科学家传记等方面的工具书及主要著作就有 20 余本，在科学史、自然辩证法方面的论文 30 多篇，同时还承担多项科学史、自然辩证法方面的国家重点研究课题。

袁运开把自己深厚的哲学基础融进自然科学的殿堂，因而，在他的自然科学论著中，总是散发着浓郁的哲学气息。

《物理学史讲义——中国古代部分》是袁运开担任主编的第一本书，这是当时中国第一部完备的中国物理学史。专家认为，这一编著的出版，是对新中国成立以来中国古代物理发展史教学与研究成果的一次系统总结，填补了这一领域的空白。此书出版后，获上海哲学科学著作奖。此后，袁运开主编的书籍连连获得大奖。《中国科学思想史》更是一部通史性的中国科学思想史，此书系统地梳理了从古至今中国科学思想发展的脉络，雄辩地证明了泱泱中国不仅有技术更有科学，中国古代辉煌的科技是中华文明不可分割的重要组成部分。

袁运开一辈子都在跟教育打交道，在教育科学研究领域有很多建树。他认为人文素养中最重要的一条，就是要有远大的理想。提高人文素养，可以坚强自己的意志，对崇高的目标有不懈的追求，使人经得起曲折的考验，做不到这一点，就成不了大事业。人文素养需要从小培养，因此，他非常重视中小学教育。1989 年，上海市率先在全国进行中小学生课程、教材改革，袁运开担任市中小学课程、教材改革委员会的副主任。经过一年的探究、整合，新版课程新鲜出炉，广获好评。1997 年，上海开始了第二轮中小学课程改革，袁运开结合国外的经验，为课程二次改革提供了宝贵的建议。

袁运开先后从事普通物理、电动力学、原子核理论与自然辩证法及科学史本科及硕士专业的教学与研究生培养工作。对华东师大物理学史、科技哲学两个硕士专业及物理系的创建与人才培养方面做出了贡献，对华东师大的改革与发展、高师教育改革与发展和中小学的课程教材改革方面进行了理论探索并在实践中有所贡献。

袁运开对高等教育尤其是高等师范教育以及中小学教育做过较为深入的研究。他主编的《学科教育学丛书》，在我国具有开创性。他还主编了《大学后系列书系——教师必读丛书》，参与了四本巨著的撰稿，发表教育论文 30 多篇，主持了好几项国家与上海市重点研究课题，其中《全国义务教育学生质量抽样调查》获 1995 年全国高校人文社会科学研究优秀成果一等奖，《上海面向 21 世纪基础教育课程体系改革设想》获 1998 年度全国师范院校基础教育改革实验研究项目优秀成果二等奖。

袁运开通过比较中美一流大学，在高等师范教育的体制、办学方向、师资培养、教学改革、课程设置、学科教育及中小学教育的学生质量目标和课程、教材改革等方面开展了深入研究，出版了有关教育的书籍十多部，其中两部获中国优秀图书奖，在教育科学方面发表论文 40 多篇。他在科学普及与物理教育方面也各有建树。

袁运开因在教育管理工作上成绩卓著，1986 年曾获上海市人民政府分页发的奖励证书，享受国务院有突出贡献专家的特殊津贴。1998 年 6 月 28 日当选为国际欧亚科学院（IEAS）院士。

2017 年 4 月 12 日，著名教育家袁运开病逝于上海，享年 88 岁。

名师录：情境教育创始人李吉林

李吉林老师

李吉林（1938 年—2019 年）是著名儿童教育家、中国情境教育创始人。她的家在寺街街区的官地街 73 号。

1956 年，李吉林以 22 门全优成绩走出江苏南通女子师范学校，被分配至现在的南通师范第二附属小学校，开始了人民教师的教学生涯。当年的校长缪镜心（范曾的母亲）把她作为一棵好苗子加以精心培养。

在学校领导的培育下，1958 年，年仅 20 岁的李吉林就被江苏省教育厅邀请参加编写小学语文教学参考书。在教材编写室工作的两个学期里，聪颖、能干的李吉林深受省教育厅长吴天石的赏识。1962 年，她在吴天石主持的小学语文教学座谈会上，颇有新意的发言得到众人赞赏。

官地街李吉林老师家

十年动乱期间，江苏省教育厅厅长吴天石死于非命，李吉林也因吴天石的赏识而受到了不公正的对待。

1978年，严冬过后是新春。已至不惑之年的李吉林深深感到：中国教育长期偏重认知，忽略了情感与创造性的培养。她向学校领导提出，要带一个实验班，从一年级教起，探索研究小学语文教学，开始情境教学的实践。她由此成为中国教育改革的领跑者，被评为江苏省特级教师。

1980年，情景教学首轮实验进入攻坚阶段，李吉林光荣地加入了中国共产党，这给正在进行的实验研究注入了强劲动力。她从外语情景教学中得到启发，创造出有效进行语文教育的崭新模式。为了让每一课都能给学生留下深刻的印象，她曾顶着烈日到郊外寻找老黄牛，冒着严寒在山顶等待喷薄而出的朝阳。她带学生拔过萝卜、找过野花、数过古塔檐下的风铃、听过长江汹涌的涛声。她或用图画再现，或以音乐渲染，或用实物演示，或用语言描绘，或兼而用之，像一位神奇的魔术师，将学生引入“形真情切、意远理蕴”的教学情境中，激起了学生的学习愿望，促进了学生主动地创造性地学习。

在李吉林的循循善诱下，她的学生步入了求知的良性循环，二年级时人均识字数为2680个，达到四年级的识字水平，课堂阅读量是一般班级的六倍，引得家长啧啧称奇。新华社的两位记者专程来到二附小，对李老师班上的学生进行了一次别开生面的考试。记者让李老师教的二年级学生与学校三年级的学生就同一个题目写一篇作文，由记者出题、监考。结果，二年级的学生写得又快又好，两位记者惊叹不已。不久《人民日报》发表了她的班上三名学生的作文，并加了编者按语，高度评价了李老师的这项实验。

情境教学唤起了儿童的情感参与认知活动，孩子们学习负担不重，读写能力提高得又快，变得“吃不饱”了，李吉林决定给孩子编补教材。她找来名家名著，筛选天文、地理、科学、人文各领域优秀作品组成综合教材，自己动手，刻写油印。李吉林一学期刻印一本，十个学期足足刻写了60万字。五年下来，实验班43个学生，在报纸杂志上发表过文章的有33人，作品达75篇。升学考试时，55.8%的学生作文成绩达优秀。

接着，李吉林又努力把实践上升到理论，写成了专著《情境教学实验与研究》，这本书获得国家教委首届教育科学优秀成果一等奖，在新中国成立50周年之际，她的另一部专著《小学语文情境教学》又获得教育部第二届教育科学优秀成果一等奖。她的情景教学实验，获中国教育协会和《教师报》颁发的全国中、小学教学改革“金钥匙”奖，被国家教委列为向全国推广的八个科研项目之一。《人民日报》《新华日报》《光明日报》《中国教育报》等各大报纸都报道了该项实验和科研成果。“情境教学法”被收入教育辞书，成为公认的科学教学模式。李吉林也因成绩卓著被收入《教育大辞典》《中国名人辞典》《当代中国人物志》和《中国妇女辞典》等辞书，成为享誉全国的儿童教育专家。

李吉林不再囿于语文单科的情境教学实验，决心去开拓更新的疆域。她首先向相邻的思想品德学科拓展，以生动的道德情境、具体的道德形象，达到动情而晓理的境界，使道德教育真正触及、润泽幼小的心灵。接着向音体美学科渗透，获得成功后，她又向自己陌生的数学学科挺进，她与数学老师一起研究，将“数”与“量”、“数”与“形”的关系，在模拟情境中加以操作，强化其应用性。这样，从一个班到全校，从单科到多科，情境教学全面进入了各科教学，为情境教学向情境教育的发展迈出了坚实的一步。“情境教育”以学生为本，为儿童发展拓宽了思维空间、想象空间、活动空间，在儿童发展创新精神、实践能力方面，具有独特的优势。

李吉林深知，教育是薪火相传的事业，她以一个教育家的长远眼光，提出了“建设跨世纪优秀群体”的构想，以自己的人格力量和典范形象影响了一群人，建立了一支锐意进取、继往开来的高质量教师队伍。

情境教学在各学科的全面展开，使二附小的孩子们不再背着沉甸甸的书包，不再为做不完作业而垂头叹息。李吉林开始情境教学的实践探索与研究以来，从小学语文情境教学到情境教育、情境课程，创造性地把儿童的情感活动和认知活动巧妙地结合起来，极大地调动了学生的学习积极性，构建了具有民族特色和时代气息的情境教育的理论体系与操作体系，为儿童的快乐、高效学习，探索出一条有效的路径，成为我国实施素质教育的一面旗帜。

40 年不倦育人和无悔求索，为李吉林赢得了一系列荣誉：1983 年被评为“全国三八红旗手”、1985 年获“全国五一劳动奖章”、全国先进工作者。第七届、第八届全国人大代表，并当选为第七届全国人民代表大会主席团成员。她还兼任着中国教育学会副会长等职。1996 年 12 月，全国教育教学最高研究机构中央教科所和省教育行政最高机构江苏省教育委员会联合举办了“全国情境教学——情境教育学术研讨会”，70 多位全国教育理论界的知名专家、学

李吉林老师带领孩子们上情境课

者会聚江城南通，高度评价了李吉林的研究成果和她对中国教育所作出的杰出贡献。

1998 年 11 月，我国第一个以教师个体的教改研究成果命名的研究所——江苏情境教育研究所在通师二附正式挂牌成立，李吉林亲任研究所所长。同时挂牌的还有“江苏省小学教师情境教学培训基地”。研究所成立后，在课题研究、教师培训、对外交流等方面都取得了丰硕的成果。全国有数以万计的教师通过这个平台接受过李吉林的指导。

2006 年，360 多万字的八卷本《李吉林文集》由人民教育出版社正式出版。在北京举行的“李吉林教育思想研讨会”上，教育专家指出，李吉林是我国从小学里走出来的教育家，为中国基础教育做出了突出贡献，她创造的“情感与认知结合的理论”填补了中国乃至世界教学论的空白。

2008 年 11 月，在由中国教育国际交流协会、教育部课程教材研究中心等单位联合主办，南通市人民政府承办的“李吉林情境教育国际论坛”上，美、英、日等国专家及国内众多著名学者称“情境教育”是具有中国特色、中国气派、中国风格的教育思想体系，是“回应世界教育改革的中国声音”。情境教育作为中国教育的宝贵财富，开始受到世界教育界的瞩目。

2010年以来，李吉林又相继被聘为国家中长期教育改革与发展规划纲要咨询专家、国家课程教材专家工作委员会委员、江苏省人民教育家培养对象指导专家。

2011年教师节，李吉林当选为“全国教书育人十大楷模”。

2014年，李吉林的成果“情境教育实践探索与理论研究”获得全国首届“基础教育国家级教学成果”特等奖第一名。

李吉林从事教育60余年，先后出版《情境教育的诗篇》《为儿童的学习》等专著28部，发表论文350多篇。专著《情境教育三部曲》由世界著名出版公司斯普林格购买英文版权，于2017年9月正式向全球发行。

2019年，为儿童教育呕心沥血的李吉林病倒了。病中的她住进了学校旁边的医院，为的是一生最后的守望：病房窗口朝向学校，每天都能看到孩子。

7月18日，李吉林因病医治无效逝世，享年81岁。

得益于千年的历史文化传承、一百多年教育事业的发展，寺街街区涌现了不少教育世家：

胡家园3号，易氏教育世家，五代20人从教，其中有易作霖这样的文章巨子、教育名家；

石桥头11号，钱氏教育世家，四代九人从教，其中钱啸秋（“3·18”革命烈士钱素凡之父）为新中国成立后的南通市副市长、南通中学校长，接连三代人任教于南通中学；

寺街18号，黄氏教育世家，三代13人从事教育事业，他们将一部记载1600多年家族史的《潭渡黄氏族谱》捐献给了国家，被鉴定为国家一级文物；

寺街119号，施氏教育世家，六代16人从教，其中有五位校长，两位校长年逾百岁。

一代接一代，坚守在三尺讲台。这种坚守让人看到了家学渊源、家风赓续，他们把家国情怀融进了教育事业中，把无限的爱给了每一个学生。正是有这些令人敬仰的教师，才有了教育之乡的坚定基石，南通教育还将续写新的辉煌。

左手琴谱 右手丹青
——细说寺街西南营艺术名家

寺街西南营，是一片充满文艺气息的地方。

千百年来，通州的半城风华，持续散发出芬芳气韵，让今天的踏访者，也被这种文化的魅力所深深折服。

南通古代、近代、现代的史迹在此处纵横交错，南通教育、科学、艺术的文脉在这里相汇相融。成风化人，润物无声，一颗颗文艺的种子就在这片沃土上扎下根来，成长为参天大树。

一方水土养一方人。曾经有多少文人雅士，从寺街西南营古朴的街巷里走出。天宁禅寺的钟声响过，紫薇书院的读书声飘过，但是那些唐宋名士的风雅已经湮没在历史的风雨中，毕竟那时的南通，只是王朝版图边缘的一个偏远之地。明清迭代之际，说书艺人之祖柳敬亭在这里留下了足迹，但也仅有寺街的范氏诗文世家之笔，写下了“故乡曾有敬亭翁”“柳家巷口夕阳低”这样的诗句。

清代雍乾时代的杰出画家、“扬州八怪”之一的李方膺，是让寺街成为文艺热土的一个重要人物。遥想当年，郑板桥、李鱓、黄慎、罗聘等人陆续到访梅花楼，加上本地的“外八怪”丁有煜时有互动，一条寺街顿时群星闪耀，成为彼时画坛一个令人瞩目的焦点。

到了近现代，寺街西南营的文艺风范愈为彰显。张謇先生打造“中国近代第一城”进程中对文化的重视，让南通这个模范县一时人文荟萃。新中国成立以来文艺事业更是得到蓬勃发展，这片文化热土迎来了一个个丰收季。众多文艺名家，从寺街西南营走向全国，将寺街西南营推向世界。

细数寺街西南营街区古今文艺名人，是一件面广量大的工作。从不同的角度切入寺街，都会与这些艺术家产生关联。在本书“探访寺街西南营名人故居”的章节中，已经向读者展现了清代“扬州八怪”之一画坛名家李方膺，从范应龙起始的范氏十三代诗文世家，寓居南通的韩国爱国诗人、历史学家金沧江，戏剧表演艺术家、诗人江村，人民艺术家、著名电影表演大师赵丹等一批寺街西南营文艺名人。而在本书接下来的章节中，将向读者介绍的英烈中也有不少红色文艺家，如革命文艺战士史白、“中国保尔”徐惊百等。限于篇幅，本章不再重复列入。

我们在这里重点关注两个与寺街西南营街区息息相关的文艺品牌。一个品牌是梅庵派古琴。作为中国古琴艺术的重要流派之一，二十世纪二十年代开始风靡全国，现已被列入联合国人类口头与非物质文化遗产代表作名录、国家级非物质文化遗产代表性项目。来自寺街的徐立孙名列中国当代四大古琴家之一，他与同乡邵大苏先后负笈金陵，拜古琴界一代宗师王燕卿为师。徐、邵回乡后创办了梅庵琴社，使这一古琴绝技自成一派，并发展为影响力遍及全球的重要流派。

另一个品牌是二十世纪“中国美术南通现象”。南通美术历经明清时期的积淀，至二十世纪厚积薄发，南通籍及南通本土美术名家辈出、经典名作迭现，引起美术界高度关注，并最终被确认为一种意义深远的地域文化现象。二十世纪“中国美术南通现象”涵盖的范围远远不止寺街西南营这一块，但是，翻看这批南通籍美术家名单，袁运甫、袁运生、范曾、顾乐夫、范扬、冷冰川，这些不同年代的画坛名家，都有一个共同点，那就是家在寺街。如果要算上曾在寺街里的南通中学求学的王个簃、高冠华、赵无极、曹用平、沈启鹏等，这个寺街画家群的名单还要拉长。

要寻找这座城市的文化密码，可以走进寺街西南营，聆听一曲梅庵雅韵，感悟一种笔墨意境。左手琴谱，右手丹青，一片街区的文艺范儿，就尽在其中了。

徐立孙：梅庵派古琴大师

1916 年，一位 19 岁的南通小伙从寺街徐家老宅带着行囊走出来，开启了前往南京高等师范学校求学的行程。他就是后来享誉海内外的梅庵派古琴大师徐立孙。

徐立孙（1897 年—1969 年），名卓，世居南通寺街 59 号。他是著名国学大师徐益修的六弟，但比这位长兄小了足足 20 岁。

徐立孙先生在弹琴

徐立孙幼年丧父，由长兄徐益修哺育成长，深受其教诲和熏陶。因受古文学、音韵学的影响，徐立孙自幼喜欢音律，上大学前已具有较深的国学修养。

当时南京高师的校长是张謇先生的得意门生、曾协助创办通州师范的江谦。江谦重视美育、倡导国乐，他聘请了李叔同、周玲荪教授西乐，并请来诸城古琴大师王燕卿、海门琵琶大师沈肇州传授国乐。

原本进校读农科的徐立孙，却走进了音乐的殿堂。他拜王燕卿为师学古琴，又跟随沈肇州学琵琶，还向海宁周铃荪学西洋音乐，皆悉心钻研，逐渐融会贯通。四年时间内，徐立孙以极高的悟性掌握了诸城古琴、瀛洲琵琶的精髓。

1920 年夏，徐立孙告别恩师，赴安庆女子师范任教。秋天，上海举行了一次全国古琴名列云集的晨风庐琴会。徐立孙从安庆赶来随师共赴盛会。其间各门派尽显技艺，王燕卿一一为徐立孙指点，使其眼界大开。

1922 年，徐立孙回到家乡南通，先后在通中、通师任教，当时王燕卿已去世，梅庵派古琴艺术中心从南京转移到南通。1929 年，徐立孙与邵大苏组织梅庵琴社，向青年传授古琴、琵琶等，优者有南通人杨泽章、陈心园、夏沛霖和镇江人刘琴子、吕德宽等。后来经这些弟子再传授，生徒愈众。随着《梅庵琴谱》《梅庵琵琶谱》刊印，二十世纪三十年代，终在古琴界形成梅庵琴派，影响海内外，《梅庵琴谱》也成为 70 多年来翻印次数最多、流传最广、影响最大的琴谱。后来，徐立孙对沈肇州所传《瀛州古调》进行了修订整理，编成《瀛洲琵琶谱》出版。

1935 年，徐立孙至上海，见到了查阜西、张子谦等琴人。徐立孙属北派，查阜西为南传，北派方健，南派圆润，徐立孙通过这次交流对南北之别有所发挥："北方刚强，当于刚强之中求圆润；南方文弱，当于文弱之中求方健。"

《梅庵琴谱》

梅庵琴社演奏《关山月》

1938年春，日寇侵占南通城，徐立孙挈带全家下乡，避难乡间，但仍不忘音律，教子学琴。徐立孙在兴仁乡挹爽园作《月上梧桐》曲，正值好友邵大苏染时疫不幸去世，遂在曲中寄托对好友的怀念。又经数次迁徙，辗转于余西、东社，后于南通县金余镇北乡曹家园小学暂住。为维持一家五口生计，徐立孙一边教授子女读书，一边行医。生活极为艰苦，但他仍不忘古琴，将音律大意重加增订，参考历代乐书，写成概要九章，定名为《律吕考释》。

1940年年底，新四军东进通海地区，在梁灵光任南通县长时，徐立孙参加抗日民主政府工作，任南通县参议会副参议长，并送长子徐龒（后改名徐鹰）参加新四军部队。

1941年秋，苏北试验乡村师范在南通县滥港桥建立，徐立孙受聘为动植物、音乐课教师。有学生还记得当时徐立孙冒严寒为师生们弹奏的《平沙落雁》，听曲如闻鸿雁由远渐近，一一歇翅落地，叫声此起彼伏。一曲奏毕，掌声雷动。

1942年夏，日寇疯狂“清乡”，乡师地处交通线上，被迫停办。徐立孙应南通县中二分校（办在骑岸乡间）等学校之聘，继续致力于抗战教育，为解放区培养人才，后被抗日民主政府推选为苏皖边区人民代表会议代表。

抗日战争胜利后，在国民党向解放区疯狂进攻时，徐立孙隐蔽上海，在上海任教，得以重与查阜西、吴景略相聚，切磋技艺，琴艺愈加精进。

解放后，徐立孙到南通师范、南通医学院任教，但他仍不忘与好友邵大苏创办的梅庵琴派的推广传播。中央民族音乐研究所为之录音存档，徐立孙所编辑整理的《梅庵琴谱》以及撰写的《月上梧桐》等谱曲，均刊印问世，在古琴爱好者中产生了巨大影响。

1954年，古琴界的一件大事是“《幽兰》打谱”。《幽兰》是我国现存最早的一首琴曲文字谱，已绝响千年。中国音乐家协会号召各地琴家将此谱译出，互相交流研讨。徐立孙积极投入这次译谱活动。他根据自己的理解，将文字谱分别译成了通行的减字谱、简谱，并用钢丝录音录下了自己弹的《幽兰》，寄给了中国音协。中国音协将这些材料编入了《〈幽兰〉研究实录》第二辑，在该辑的“序”中赞扬徐立孙说：“立孙方正精益求精，后时仍有再次刮目相看之日也。”

1953年，徐立孙在北京参加全国音乐周，与管平湖、查阜西、吴景略被合称为全国四大古琴家。1956年，徐立孙再度应邀参加全国音乐周。他以一曲《捣衣》赢得普遍好评，被赞为“为琴坛增色不少”。

1958年，徐立孙又应中国音协之请，给古曲《广陵散》打谱。在打谱中，他探索研、译绝响之古谱的方法，参考抗战前查阜西的“打谱犹如陈设家具”之说，遂撰《试弹〈广陵散〉的初步体验》，并于此义多有发挥，从而使梅庵琴派名闻海内外。徐立孙的弟子吴宗汉南下香港传播梅庵琴学，移居海外后促成了英文版《梅庵琴谱》的诞生。

梅庵琴派传承人、徐立孙之孙徐毅正在指导以色列大学生弹古琴

1958年9月，刘少奇到南通视察时，徐立孙曾到南公园饭店为刘少奇一行弹奏一曲。

徐立孙先后担任南通市人民代表大会代表、政协委员，江苏省政协第三届委员会委员，农工民主党南通市负责人，南通市文联副主席。

1966年“文革”开始后，徐立孙身心受到严重摧残，于1969年12月因病去世，终年73岁。

虽然斯人已逝，但梅庵琴人薪火传递，不绝如缕。除徐立孙之孙徐毅担任社长的南通梅庵琴社外，还成立有镇江梦溪琴社、安徽合肥梅庵琴社、台湾地区台南梅庵琴社。

2002年2月，梅庵琴派艺术被列入第二批国家级非物质文化遗产名录，为具有深厚江海文化底蕴的南通又增添了一份非凡的光彩。

2009年5月30日上午，梅庵琴社举行迁入园博园典礼、纪念徐立孙先生逝世40周年暨北美梅庵琴社揭牌古琴雅集活动。北美也有了梅庵琴社，真是“新枝萌蘖方盛”，“琴韵正春时”。

2017年5月，海内外古琴七大流派、九大古琴世家传人雅集濠滨，在梅庵琴派兴盛地南通，纪念徐立孙先生诞辰120周年，这是梅庵琴派创立以来最大的盛会。

邵大苏：梅庵琴社创始人之一

在南通十字街钟楼的西北角，寺街三衙墩巷6号，有一处精致的琴室，在二十世纪三十年代，那里时常传出幽雅的古琴声，那是梅庵琴社创始人之一邵大苏开辟的抚琴之处。

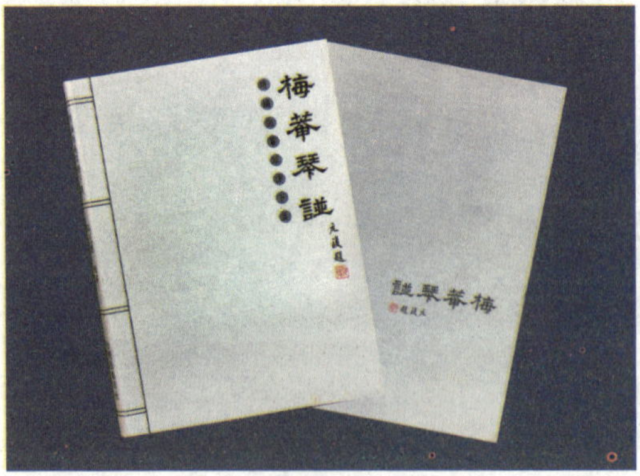

邵大苏增编《梅庵琴谱》

邵森，字大苏，号樗庵，1898年出身于南通书香世家，为北宋诗人、理学家邵雍的后人。邵大苏为梅庵琴社创始人之一，也是邵氏梅庵古琴世家

邵大苏故居院子

的起始人。

邵大苏幼年丧父，由母亲辛苦抚养，精心培育，从小就养成了奋发向上的个性，其姑父、著名建筑师孙支厦对他十分喜爱。

邵大苏就读于江苏省立第七中学（即南通中学）时，就对古文、诗词有 所偏好。十五岁时便有志于古琴艺术，此时他弹琴已有七年之久。其时求教于他的学生众多：陈心园、夏沛霖、李宝麟、杨泽章，后来他们都成了梅庵琴社的成员。

正当邵大苏为进入南京高等师范深造作准备之时，获悉该校校长江谦聘请了诸城古琴大师王燕卿先生到校，以社团形式传授古琴，学生只要报名即可参加。远在南通的邵大苏立即报名参加学习，并与已在该校农业专修科复学（因病休学）的同乡、挚友徐立孙一起携手学琴，共同拜立门墙，潜心钻研，数年内尽得王燕卿先生心传，成为其衣钵弟子。

邵大苏进入国立南京高等师范学校文史系学习时，崇尚唐宋诸名家，诗词歌赋成绩斐然，常名列前茅。他的诗词作品，构思别具一格，情感丰富，风采卓著，深受柳诒徵、王伯沆两位国学大师的器重。柳诒徵先生曾亲赴南通探望这位得意门生，并赠对联“会当洗眼看腾跃，未妨便腹贮诗书”以资鼓励。当王伯沆先生得知邵大苏成为王燕卿古琴大师衣钵弟子时，大喜，赠他明益王制古琴一床，以奖励邵大苏学习古琴有成。

1921 年，古琴大师王燕卿重病缠身，移居南京山东会馆。此时徐立孙已毕业离校，邵大苏一个人承担起了照顾恩师的重任。每日放学后，他不顾路途遥远，不管刮风下雨，都赶去送医送药，端茶送水，照料先生。王燕卿先生逝世后，邵大苏与先生的同乡赵君等一同料理丧葬事宜，遵先生遗命将先生葬于南京清凉山麓，并保存先生的照片，逢年过节上香祭奠。邵大苏如亲子般孝敬王燕卿先生的善举传遍学校，柳诒徵、王伯沆两位先生更对他赞不绝口。

邵大苏毕业后，在南通大生纱厂任秘书。后经柳、王两位先生推荐，先后在南通、扬州、安庆、徐州等中学任教。因其国文底子扎实，学识广博，讲课结合实际、严谨、生动、活泼，深受学生的欢迎与爱戴。

邵大苏利用寒暑假返回南通，和徐立孙一起，将王燕卿先生的遗著《龙吟馆（观）残谱》重新编校，至1923年夏编成两卷，易名为《梅庵琴谱》。1929年夏，徐立孙与邵大苏创立“梅庵琴社”，倡导梅庵琴学。

1931年秋，历经八年的努力，《梅庵琴谱》终于问世，追随徐立孙与邵大苏学琴的弟子越来越多，为“梅庵琴派”日后名扬世界奠定了基础。

邵大苏家为两进八间带前后天井的青砖黛瓦平房，环境幽静，古意盎然。梅庵琴社创立之前，邵大苏就将朝南书房中的小室辟为琴室，作为与琴友活动的场所。小室拱形屋顶，板壁上方有明朝扇状典雅格式，门框雕刻古色古香。墙上挂着蔡元培先生赠送给邵大苏的对联：开门不见好山多，信步偶遇流水去。

在这个琴房雅室里，邵大苏与徐立孙，指导学员琴艺。当时，徐立孙借住在邵大苏家的后宅，两家仅一墙之隔，故经常来此操缦，与琴友交流。

邵大苏家的琴室是当时南通城的古琴沙龙。琴友们在琴室旁的大房间里，讨论制定琴谱，商量建立梅庵琴社有关事宜，将《龙吟馆（观）残谱》重为编述。此处是梅庵琴社的发源地之一，直至现今，常有国内外古琴大家前来寻根探访。

1931年，邵大苏与徐立孙整理的《梅庵琴谱》发行，梅庵琴派声名远扬，奠定了在近现代古琴界的地位，南北派雅好琴学者均以《梅庵琴谱》作为参考学习之范本。

1935年，邵大苏于南京交通部任职，常与南京的琴友切磋琴技，与诗友文人过从亦甚密。

邵大苏平生藏有古琴三床，均为仲尼式。一张为元代朱致远所制，名为“灵籁”，体形适中，黑色有牛毛断，音清越；一张为明琴，体形较小，名为“清英”，黑色断纹甚细，间有梅花，音清润；另一张则为王伯沆先生所赠，体形较大，池内漆书漫法，辨为宏治云云，经考系明益王斫旧材制。经王燕卿先生监修，黑中透有朱红色，有龟板纹，音宏亮，邵大苏曾拟题名“潮音”。

邵大苏次女邵明世奏琴

1937年，抗战爆发，邵大苏辞去南京交通部的职务，返回南通。次年3月南通城沦陷，他与徐立孙带着家人避居到南通县兴仁乡，后来又迁到西亭镇母亲的老宅。那时，南通城内的汉奸拉拢他为日伪做事，被他严词拒绝。

即便是在最艰难的时期，邵大苏仍对古琴不离不弃。离开南通城时，邵大苏将两床古琴藏匿好，自己则怀抱着小巧的明琴逃难。

在避难期间，邵大苏除与当地文人墨客时有来往外，仍不忘操练琴艺，督促孩子们起早带晚地练琴。并告诫他们："弹欲断弦，按令入木。"即要求左右手弹琴运用最大之力量，但用力需得当适中，发音才能清脆洪亮。在这段乡间避难的日子里，邵大苏的严格要求，孩子们都铭记在心，琴艺得到快速提高。

1938年夏，正场的亲友邀请邵大苏参加农历六月十九举办的观音法会，邵大苏于十八日前往，拟盘桓数日。不料，六月二十一日，该镇突然暴发霍乱，一日之间百余人丧生，邵大苏亦不幸罹难，享年41岁。

邵大苏的六个子女，从幼时开始，耳濡目染，潜移默化于古琴乐曲，或自幼就练琴，在琴学上都有所造诣。长子邵元复以父亲为楷模，得邵大苏琴操神韵。为承父志，邵元复在台湾成立了梅庵琴社，任社长，并为梅庵琴派的传承，编印了《增编梅庵琴谱》上下两册。邵元复传授的学生遍布海外各地，为梅庵琴派的流传起了重要作用，其子邵伟随大姑邵冲世习琴，曾参加今虞琴社，受古琴家龚一社长的指导。1993年，龚一先生出访台湾，高雄市文化中心举行"两岸古琴名家深情对谈"琴人雅集，邵元复为主讲人之一。

家学未断，弦歌不辍。邵大苏古琴文化的家族传承，已形成了一个古琴世家。邵大苏六个子女及小辈四代人均传习梅庵古韵，邵大苏这代人创立的梅庵派古琴艺术绵延不绝。

古琴名家查阜西曾感叹：依琴人看来，大苏未死也。

袁运甫：中国现代壁画复兴的引领者

袁运甫

在寺街石桥头27号的袁氏老宅里，一户兄妹八人中出了多个名人。排行老四的袁运甫，是著名画家、美术教育家、公共艺术泰斗级人物。其六弟袁运生，也是享誉艺林的画家。他们的大哥袁运开，则是著名的科学史家，曾任华东师范大学校长。他们的血脉中，既有父系祖先明左布政司袁随“倚马立得”的聪颖，又有母系祖先北宋哲学家二程(程颢、程颐)的理智。

袁运甫生于1933年端午节翌日。在这个崇尚诗文的旧式文人家庭，他从小就接触艺术。袁运甫谨遵自重、自省、自觉的家教，一生以“辛勤耕耘无终期，不敢懈怠误艺涯”自励。小学毕业，他以优异的成绩考取了省立名牌中学——南通中学。南通中学师资力量雄厚，有着全省一流的美术教师。他的美术爱好，在老师的培植下，得以充分施展。

1949年，袁运甫考取了中西绘画实力强大的现代艺术摇篮——杭州国立艺专。1953年年初，袁运甫转学北京中央美术学院，受业于张光宇、张仃等老师门下。南北两所名校虽然艺术教学和艺术思想的侧重各有不同，然而都重视艺术风格研究，注重著名教授个人艺术特长，故袁运甫能够多方面汲取南北各派名家之长，获益匪浅。

1956年，中央工艺美术学院成立，袁运甫留校任教。历史的机遇，使袁运甫得以与国内闻名的诸师长共事相聚，教学艺事研讨尤深，历经患难与欢乐，更得相交忘年。袁运甫在中央工艺美术学院当教师时，每带学生实习，他必画作盈夹。郑板桥的“删繁就简，领异标新”成了他的座右铭。袁运甫融会中西艺术，勇于探索创新，涉足于水粉画、油画、彩墨画、装饰艺术、壁画艺术、公共艺术等广阔的领域。每一次新的尝试，都是一次新的挑战，一次“新的情感和意志的较量”，可喜的是他都能取得成功。

袁运甫作品《老街新貌》

袁运甫 1973 年画的南通风景

“文革”后，袁运甫开始了以巨大的热情致力于装饰艺术教育、公共艺术及彩墨画创作的“中兴十年”。

从1977年与黄永玉先生合作设计毛主席纪念堂大型壁画《祖国大地》开始，袁运甫壁画新作叠出。

1979年10月1日落成的首都机场壁画群，袁运甫的《巴山蜀水》是最引人注目的壁画之一。这幅以长江三峡为题材的壁画，描绘了从重庆经万县、白帝城至夔门的壮阔图景。这幅作品的素材是1975年袁运甫在长江上经过三个月的艰苦写生获得的。回到北京，正值“四人帮”批黑画。白天他在单位挨批斗，晚上回到家偷着画那不能忘怀的长江。画好数年，却不敢示人，直到1979年才借助首都机场这一平台，将这一作品展现给世人。当年，袁运甫、袁运生、范曾三位南通籍画家应邀为首都机场创作壁画，创造了时代经典，被原中国美术家协会主席吴作人誉为“南通三杰”。

从那以后，袁运甫始终专注于以装饰艺术、绘画艺术和理论研究为支撑的公共艺术创作实践，实践大美术的道路，博收厚积，有容乃大。袁运甫的新作，源源不断，年年出彩。仅至1995年6月，他就完成大型公共艺术作品32件，总面积达3651平方米。

他曾攀上3000米高的长白山巅，在三江源头找到“源与流”的自然景观主题，为中国社会科学院创作了一幅壮观的祖国山河颂歌《山魂水魄》。

他曾驱车喜马拉雅山脉，在乌云蔽天、卷风呼啸中，收集创作素材，为尼泊尔加德满都国际会议大厦创作出象征着中尼友谊的大型锻铜镀金壁画《祥和之都》。

他曾跨越东起山海关，西至嘉峪关，穿过草地沙漠，踏遍秦汉明清长城遗址，将祖国大地的神采与人文创造的历史奇迹融为一体，为首都新航站创作了一幅《万里长城图》。

英国艺术评论家苏兰认为：“外国参观者应特别感谢袁运甫，因为看一眼他的这幅作品，就可以看到全部中国文化遗产的概貌和规模，它有强大的诱惑力。”

袁运甫在他的艺术实践中，根据主题与环境的需要采用重彩、丙烯、金属、陶瓷、石雕、印染、刺绣、编织、镶嵌、木雕、漆艺，几乎涵盖了所有的工艺材质。材料随环境取舍，材料为主题作势，使形质神韵浑然天成。他打破绘画、

袁运甫作品《万里长江图》(局部)

设计、公共艺术、艺术理论研究及美术教育之间的壁垒，将多种美术门类在文化上融汇、在创作上互通，堪称中国现代壁画复兴运动的开拓者、引领者。

进入二十世纪九十年代后期，袁运甫的艺术创作，由壁画拓展至雕塑、而至更广义的公共艺术——遍及全国的文化广场。

世纪之交，袁运甫担任国家重点艺术工程项目的主笔——负责安装在故宫“太庙”的“中华和钟”，以及安装在“中华世纪坛”的《中华千秋颂》石雕壁画和中央金柱《龙凤呈祥 日月光华》等的总体设计。

袁运甫在步向二十一世纪的前夜，承担了国家大型礼器——“中华和钟”美术总设计的任务。他以龙凤纹作为编钟纹饰的主要内容，钟架造型与纹饰，则以花卉、植物和自然形态为构思理念。龙凤与宝相花的设计思路，更是衬托“中华和钟”“和平”与“发展”主题的恰当元素。他在整个外架横梁上的关键部位突出地设计了各种含科技内容的图像12000多个。“中华和钟”编钟和架材的设计制作，充分发挥了九材和九艺的综合效果，体现出了中国式设计与工艺的高超水平，被评定为国宝级艺术珍品。

“中华世纪坛”是一座跨世纪、越千年的标志性、纪念性国家文化设施。这座建筑的核心部位是环形“世纪大厅”，是专门为创作中华五千年历史画卷的壁画《中华千秋颂》而建立的。

袁运甫考虑到《中华千秋颂》虽是一幅表现国家历史，特别是科技、人文历史内容的壁画，但当它永远安置在“中华世纪坛”这一特定的国家标志性和纪念性的建筑中时，它已具备了完全不同于一般历史壁画的意义了。经过讨论，他将《中华千秋颂》壁画的内容，按历史的顺序分成四个组成部分：“先秦的理性精神”“秦汉唐的包容气概”“宋元明清的公忠气节”“近现代的救亡与启蒙和中华民族的独立与中兴”。这四个部分在总体上又是相互贯通、紧密联系的。《中华千秋颂》壁画长 117 米，宽 5 米，整幅壁画有人物 268 人。

袁运甫是总体设计师，他将九座柱体制作成锻铜贴金箔的浮雕，使之金碧辉煌、气势恢宏，并对直径 5.8 米的中央金柱进行了重点设计。他以“龙凤呈祥 日月光华”的象征性语言，以中国贡献于世界的“四大发明”和新时代的“科技进步”为依托，把历史与未来连接起来。中央金柱的圆周顶部被处理成一个凸起的小形圆周，并施以最亮的白光，使人在视觉上有向上升腾之感。

中华世纪坛的“世纪大厅”，经过袁运甫及艺术家们富有创造精神的探索和超乎寻常的努力，终于在人们感受到二十一世纪跫跫足音的时候，不负众望地展露出独特的风采。人们徜徉在历史与现实交相辉映的艺术大厅里，由衷地感谢把历史的厚重和辉煌演绎得流畅如歌、激情四溢的公共艺术家——袁运甫及其同事们。

袁运甫一直没有忘记哺育他成长的江海大地，在他的艺术创作中，时常融入南通元素。2014 年发行的《长江》特种邮票，以袁运甫的国画《长江万里图》为蓝本，其中，“江畔水乡”“东流入海”两枚邮票，集中描绘了南通狼山、苏通大桥以及万里长江与东海、黄海三水交汇的壮丽景色。

2017 年 12 月 13 日，著名艺术家、清华大学美术学院教授、博士生导师袁运甫先生，因病在北京逝世，走完了他 84 年的艺术人生。

袁运生：开启美术史破冰之旅的艺术家

袁运生

1979年10月，一幅题为《泼水节——生命的赞歌》的大型壁画作品亮相北京首都机场航站楼。作品因为大胆地使用了傣族裸女的形象而引发巨大争议，由此开启新中国美术史上的一次破冰之旅。如今，这一被称为“中国改革开放风向标”的作品，已是中国现代美术史上公认的经典。

这幅大型壁画的作者，就是出生于南通寺街石桥头袁家的袁运生。

1937年4月4日，袁运生出生于石桥头27号那个大家庭，在八个兄妹中排行第六。在慈父慈母的教导、兄弟姐妹间的相互影响下，袁运生自幼便形成了勤奋好学、争强上进的性格。他的学画，自然离不开比他大四岁的四哥袁运甫的影响。

1949年，袁运生考取了南通中学。在那里，他遇到了一位上海美专毕业的班主任——顾云璈。他和同班喜爱绘画的同学范曾、顾乐夫一起，受到顾老师重点培养。这几位小画家的美术才能得到挖掘，市文联美术协会也破格吸收了当时才十二三岁的小伙伴为会员。

1955年7月，袁运生从南通中学毕业，报考中央美术学院油画系。袁运生以第一名的成绩被录取，成为新生中的尖子。然而，1957年暑假，油画家李宗津被定为中央美院的“大右派”，袁运生是李宗津所器重的得意门生，也被戴上了“右派分子”的帽子。这一年，袁运生刚20岁。

1960年年初，袁运生被送到北京郊区的双桥国营农场接受劳动改造。当时发配到这里“劳教”的“右派”有30多人，都是教授、艺术家、学者，中央美术学院院长江丰也在此行列，袁运生年龄最小。在这里，袁运生“因祸得福”，亲耳聆听这些艺术大师们精深独到的艺术见解，亲眼目睹知识分子宁折

袁运生作品《水乡的记忆》（2020 年修复后）

不弯的人格尊严。这对袁运生学艺、做人产生了潜移默化的影响。

1961 年年底，摘掉了“右派”帽子后，袁运生回到中央美术学院他曾经学习和工作过的“董希文工作室”，在董希文老师的鼓励下，专心从事毕业创作《水乡的记忆》。1962 年，这幅作品一经问世，便博得了美术界的普遍好评。董希文先生为这幅毕业作品打了满分五分，但另有一些老师却持反对意见，以作品“丑化劳动人民的形象”为理由，上升到批判的层面。受到冲击的袁运生虽然取得了毕业资格，但不久就被分配到了东北的长春工人文化宫搞群众文化工作。值得一提的是，袁运生的成名作《水乡的记忆》一度遭遇损坏、不知所踪，重新被发现后经三年时间修复，2021 年 4 月，在以“一段记忆的修复”为主题的展览中，这幅《复活》的名作又出现在世人面前。

1978年，袁运生受云南美术出版社之邀，去西双版纳体验生活，为该出版社画一套白描画册。袁运生抓住这千载难逢的好机会，深入傣族村寨。傣族崇尚水、热爱自然和生命、尊重人性美的民族特色，给他留下了深刻的印象。袁运生惊喜地发现那里的植物世界如同用线条织就的诗。他着了迷一般地画起来。从云南回来后，袁运生出版了一本白描集子，此集后来成为中国高等院校图画学教材。

从云南回到北京后，袁运生被邀请为首都机场画壁画。他非常珍惜这一个破十年冻土，为中国画坛呈献第一叶新绿的机会。他根据在西双版纳收集到的云南史诗，创作了壁画《泼水节——生命的赞歌》，产生了轰动效应。当报纸、电视、画刊将首都机场壁画展现在大众面前时，傣家女天真无邪的情态、充满活力的躯体，洋溢着生命的律动感，发散出勃勃生机。

在1980年第1期《人民画报》上，刊登着赞扬机场壁画的文章及作品图片，封底就是袁运生的《泼水节》，中间用一个跨页的篇幅刊登出《泼水节》的彩图，介绍文字这样写道："青年画家袁运生，思想活跃，勇于创新。"此时被称为"青年画家"的袁运生已经43岁。不久，著名画家、中央美术学院院长江丰借此东风，将袁运生请回中央美术学院壁画系任教。

1982年，美国的北爱荷华大学、哥伦比亚大学和美中文化交流协会，会同美国政府共同邀请袁运生赴美讲学。不久，袁运生获准以中国艺术家的身份赴美参观访问。这次出访，是袁运生14年旅美艺术生涯的开始。

袁运生《泼水节》手稿

袁运生虽身居海外，但并没有忘怀祖国。他1993年归国探亲时，在北京举办了个人画展。之后又到陕西考察了周、秦、汉、唐壁画等名胜古迹，为创作积累素材。这时，他亲眼看到改革开放后，祖国发生的翻天覆地的变化，文艺界呈现出他期盼已久的良好创作环境，一度被屏风遮挡的壁画《泼水节——生命的赞歌》也已重见天日。游子袁运生在祖国艺术春天的召唤下开始思归。

1996年，袁运生的母校中央美术学院正式邀请他回校主持油画系第四画室的教学重任。袁运生接受聘请，于当年秋季回国任教，再续一段历经艰难、痴心不改的新艺术历程。

2019年9月，超大型国际航空综合交通枢纽——北京大兴国际机场建成通航，年过八旬的艺术大师袁运生再度应邀为新机场创作大型壁画。他这组以《山海经》为题材的八幅巨型壁画，必将成为令人瞩目的公共艺术精品。袁运生告诉家乡记者，希望能为即将开建的南通新机场创作出传世之作。

2019年袁运生在画室为大兴机场创作壁画稿

范曾：当代诗书画大师

寺街123号为当代诗书画大师范曾祖宅。院落内有一口明代古井，与远处唐代光孝塔遥相辉映，宛若一砚一笔。父亲范子愚时常勉励儿时的范曾：“有如此笔砚，何愁写不出大块文章！”

范曾

范曾于1938年7月出身于南通独步诗林、薪火传承十三代的诗文世家。南通范氏系北宋政治家、文学家范仲淹后裔，以范仲淹的十世孙范盛甫迁居南通为始，至范曾为第二十代。

范曾幼承庭训，两岁时，就能背诵五言绝句，四岁时便入学，会朗诵《岳阳楼记》《木兰辞》等，且学习成绩都是名列前茅。或许是天性、遗传，或许是从小背熟了唐诗、宋词，他的心灵早早地便有了诗的意境，有了作诗的欲望。八岁便能做出“绿羽顶红冠，花开处处啼”这一令乡贤张梅庵先生赞不绝口的《咏鸡冠花》来。范曾11岁的时候，父亲范子愚就着手教他背诵古诗文，给他讲解吟诗作对的技巧。从童年到少年，范曾以诵古诗、作己诗为日课。他在中学时便养成了一个伴其一生的习惯：把历史知识或古诗词，写成小纸条贴在墙上，

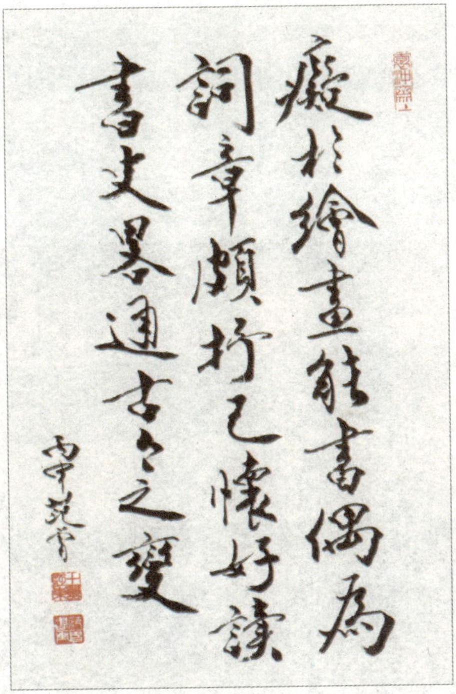

范曾自评

随时可以看到，随时能够温习。大学时代，住集体宿舍的范曾，沿袭这一习惯，将这些纸条搬到了唯一的私属空间——蚊帐顶上。毕业后，范曾被分配到中国历史博物馆，在天安门的西阙门旁有了一间属于自己的斗室。壁上的空隙间，还是贴着一些常换常新的小纸条，那是范曾常诵常记的一些格言、诗词，即使在厕所里，他也挂满需要背诵的东西。他每天五点钟就起床，随即在午门和阙门之间跑步，然后背诵古诗文、吟诗两小时。从那时起，范曾就已经拥有让人不可思议的阅读量和文化溶解力。范曾在读书与习画的生活中，度过了他的少年时代、青年时代。

“痴于绘画，能书，偶为辞章，颇抒己怀，好读书史，略通古今之变。”这是范曾的24字自评。

范曾喜欢作诗，他本无志为诗人，作诗既是述怀遣兴，也是必需的功课。因为他知道中国文人画家历来讲究诗、书、画三位一体，一幅优秀的中国画必须是“以诗为魂，以书为骨”。一个成功的画家，一定要兼爱书法和诗歌。

范家历来重视书法，故范曾童年在吟诗作对之后，每天还必须研读名帖，悬腕对临十张毛笔大字。在大学时，他曾以三个月的光阴，临摹过一百遍《兰亭集序》。年复一年的萤雪之功，使得范曾最后不仅写得一手好字，还形成了具有鲜明艺术个性的“范体”字，且以书法之笔作画，更得画史精髓，开一代新风。到61岁时，他的书法风貌大变，给人力破千钧、大气凝重之感。2001年，

范曾青年时代作品《文姬归汉图》

范曾所作法乳堂十八高僧像之法显大师

他为山东梁山摩崖石刻所书写的《水泊梁山记》就是他书风变化的代表作。

范曾19岁时转学中央美术学院美术史系，半年后，转到中国画系。

对范曾作画一生影响最大的首推蒋兆和先生。蒋兆和要求范曾画画要在精确的判断之后放笔直取，如灯取影，纤悉不遗。遵循师训，范曾进行了十分刻苦的探索。“人难画手”，范曾就从最难处入手，画了数以千计的详尽的高难度白描写生，将肌肉骨骼熟记于心，才做到今天的不假思索，意到笔随。

1962年毕业时，范曾画了一幅历史画《文姬归汉图》，送去给郭沫若先生看，郭沫若先生很激动，夜不成寐，将一首长诗题赠在画上。这首诗，成了郭老的不朽名篇，录入他的《东风集》中。后来，郭沫若在寓所接见了范曾，并说今后有佳作，他还愿意给范曾题诗。

范曾毕业之后被分配到中国历史博物馆，跟沈从文先生编绘中国历代服饰资料。他抱着“第问耕耘，不论收获”的精神，先攻白描，再攻书法，临摹了一大批传世杰作。常年伏案读书作画，他的胸骨和脊椎骨都发生了变形，右手痛得都抬不起来。在跟随沈从文先生编绘古代服饰资料的几年中，范曾以惊人的毅力，磨砺了他的艺术宝剑，也打下了良好的国学根底。

1977年秋，范曾因为生结肠息肉、恶性贫血、血色素不及常人的二分之一，在北京医院住院。不顾病痛，他决定为鲁迅的小说画插图。他置一小几于病榻，研墨吮毫，一张一张地画着，乐以忘忧。手术后几天，他就捂住刀口挣扎着起来继续作画。就这样，在北京医院的两个多月，他坚持将鲁迅先生的《呐喊》《彷徨》《故事新编》的全部插图完成。

1980年冬，范曾为了筹备赴日本的个人画展，投入了紧张的工作。偏在这紧张的时候，父亲患病，他背着画具赶回老家。在南方滴水成冰的严寒日子里，他每天白天于病榻旁侍奉父亲，凌晨四时起床吮墨挥毫。范曾画的是泼墨大写意的人物，需要奔放的激情，用笔纵横，衣服穿多了会导致挥写不便，影响画面气韵。于是他在零下十度左右的寒冬凌晨，只穿件毛衣，破冰研墨，有时深夜作画，全然不顾疲劳与寒冷，全情投入不知东方之既白。

1984年，范曾调任天津南开大学。这时他萌发了在南开大学设置东方艺术系的愿望，以弥补中国名牌综合性大学没有艺术系的缺憾，与国际接轨。为了筹集资金，他去日本办画展。整整一个夏天，他总是不待鸡鸣便跃然而起，

直至深夜才搁笔就寝。然后，又马不停蹄地去新加坡、中国香港等地办画展。历经三年的艰苦努力，凝结着范曾心血的东方艺术大楼落成了。

1990 年年底，范曾赴法国巴黎。在异国他乡，范曾磨尽了十块名为“铁斋”的好墨，画完了 20 刀宣纸，用废了数十支毛笔。这期间，范曾的生命化为了线条、色彩，化为了浮动于画面的气韵，化为了流布到画外的神采。

范曾的画，歌颂了那些为祖国的生存和发展鞠躬尽瘁、死而后已的孤忠之士，赞扬了那些千百年来作为中华民族精神之维系的高风亮节和道德懿范，使陈旧的历史重新现出了亮色，获得了各阶层人民的喜爱。范曾的画，饱含着民族的自信心和自豪感，得到了海外侨胞感情上的共鸣。范曾的画，弘扬了炎黄

范曾 2017 年作品《万类和睦 宇宙齐一》

范曾艺术馆

中华儿女的傲骨烈魄，不同民族、不同人种、不同语言的人，都可以从画中感受到龙的传人那积极向上的气势。

狼山香炉峰下，范曾与先祖范凤翼的摩崖石刻并列一起，这是范氏诗文世家的对话。在山峰另一侧，1983 年，由赵朴初命名的“法乳堂”落成。范曾专门绘制的十八高僧像，以超迈的笔墨技巧、灵动的范氏人物画风格，令游客叫绝。

1984 年，日本冈山县建立永久性的范曾美术馆。2007 年 11 月，中国第一家范曾艺术馆成立于南通大学主校区。2012 年 3 月，南通大学范曾艺术馆正式开工，2014 年 11 月正式开馆。该馆成为国内研究范曾艺术的重要基地，同时也是展示南通文化的重要窗口。

对于家乡，范曾有这样的动情之语：“这些年我已走过很多国家，在我浪迹天涯的时候，我总会想起在淮南江北海西头最美妙的土地，这里有我童年的幻境、少年的梦想、青年的追逐。南通，我唯一的生命归宿。”

顾乐夫：旅美著名画家

顾乐夫

少年时曾与袁运生、范曾并称“南通三小画家”的顾乐夫，后来成为旅居海外的大画家。他的家在寺街76号，北边是范曾家，南边是袁运生家。三家的方位三足鼎立，三个小伙伴自幼相熟。

顾乐夫出生于1938年10月，就读的小学是北濠小学，他的绘画生涯也是从那里起步的。那时学校不开绘画课，也没有这方面的教材，但出于与生俱来的对绘画的酷爱，顾乐夫将老师、同学、家人都作为写生、素描的对象，连书本的空白处都画满了人物头像，在不经意间就打下了素描的童子功。

1952年，顾乐夫与袁运生、范曾成为南通中学的同学。同样的生活环境，同样的文化熏陶，同样的艺术追求，使三个小画家走得很近。他们在通中一起写生，一起苦读，一起探讨绘画技巧，一起参加社会公益活动。三人既是志同道合的画友，又是无话不谈的伙伴。

1955年，长大成人的三个伙伴面临着人生的重要转折。这年，三人在从南通中学高中毕业前夕，结伴赴北京考中央美术学院。造化弄人，范曾考进了天津南开大学历史系，袁运生如愿以偿进了中央美院，而专业成绩已过关的顾乐夫，却因家庭成分问题政审没通过被刷了下来。于是，三个朝夕相处的伙伴，从此踏上了各自人生的旅程，聚少离多。

顾乐夫开始并不知道高考落榜的真实原因，总以为是自己的水平问题。他没有向命运低头，在积极备考的同时，他创作了大量的作品，在上海人民出版社、版画出版社以及《萌芽》《中国工人》《天龙画刊》等杂志上陆续刊发，于是，顾乐夫的名声走出江海平原，在国内画界传扬开来。

1956年是我国政治气候较宽松的一年，对家庭成分的审查不再那么严格，

《沉思》油画

《高原的风》水彩

《宁静的池塘》油画

这给年轻的顾乐夫带来了一线希望。更让他庆幸的是，在考试中，他遇到了慧眼识千里马的“伯乐”，主考老师爱才，竭力主张录取顾乐夫。于是，顾乐夫在这一年终于圆了大学梦，考取了中央美院华东分院（后为浙江美院）版画系。

顾乐夫学版画时，正是中国版画发展最快的时期。由于顾乐夫的勤奋，他的版画创作进步很快。入学后不久，他便成为学校的高材生，在全国画界也小有名气。学习成绩冒尖是好事，但木秀于林，风必摧之，像他那样性格直率的人，很容易因口无遮拦而祸从口出。顾乐夫就因聊天时说的三句极为平常的话被人举报，在不经意间把自己送进了“右派分子”的队伍。这一年，他还是个未有公民权的17岁半的青少年。

1958年，在被《中国美术》杂志点名批判之后，顾乐夫不得不告别心爱的课堂，到浙江农场接受劳动改造，这一呆就是六年半。直到“文革”前夕，他才以摘掉“右派”的帽子回到家乡，落户曹公祠。

1966年，顾乐夫被警告“不许乱说乱动”，工作和生活也无着落。几年后，他被分到城中誊印社画了两年的毛主席像。1972 年，因中美关系破冰，绣衣外贸需要设计人才，顾乐夫进了东风绣衣厂做设计工作。

顾乐夫虽历经坎坷，对艺术的追求却矢志不移。这期间，他除了抓紧时间将设计搞得风生水起外，还把平生所学化作涓涓细流，去滋润那些渴望在绘画天地里一展身手的青年后生，后来在绘画上卓有建树的范扬、郛烈炎、吴维佳、季大纯等，都是此时投到顾乐夫门下的。

为此，“文革”后期，《中国美术》杂志又一次点名顾乐夫，批判他“与无产阶级争夺下一代”。恢复高考制度之后，顾乐夫的弟子大多数考上了美院，成为当代优秀的美术、教育、理论人才。

十一届三中全会以后，顾乐夫获得了艺术的新生。1979 年，他回到所喜爱的教师队伍，在轻工技校教美术和书法。二十世纪八十年代初，命运的大门终于彻底为他敞开：南京师范学院（现南京师范大学）急欲引进美术人才，就从报纸上寻找当年被点名的美术尖子，一找就找到在南通半隐居的顾乐夫。于是，1982 年年底，顾乐夫跨过南京长江大桥，踏进南京师范学院的大门，直到七年后客居美国。

1989 年，顾乐夫飞抵大洋彼岸，来到美国纽约联合学院，做了两年客座教授。其后，受聘于美国纽约州伦瑟勒艺术中心和奥尔巴尼历史与艺术学院任教授，专职教授绘画。1998 年，顾乐夫从教学一线退下来，重新拿起画笔，在纽约州首府奥尔巴尼的家中悉心搞创作。

美国虽是个多元文化汇集的地方，但西方文化仍然占主流，东方艺术还没有被大多数人接受。顾乐夫是个绘画全才，他注意兼收并蓄、融贯中西，学的虽是版画，却精通油画，擅长国画，又写得一手好书法，而且对于诗词格律颇有研究。他画风严谨，功力颇深，最大的特点是能够把东方神韵融进西画之中，这是一般中国画家不易做到的，也是西方画家难以企及的。所以，没多久，顾乐夫的画就在美国走红，多幅不同类型的画作均获美国各类大赛的不同奖项，其中有油画，也有水粉画、水彩画。

由于顾乐夫的画作屡屡创新，多次在海外获奖，因此，他的画受到世界各国画廊的青睐，其画作《高原的风》《朝拜以后》《朝圣去》被美国世界顶级画廊所收藏。

1996 年 10 月，顾乐夫在南通沈寿艺术馆举办“顾乐夫省亲画展”。这是

顾乐夫画张謇像

顾乐夫出国后第一次归来，他奉献给家乡的艺术之花犹如严冬过后的牡丹，令人耳目一新。画展展出油画、国画、水彩画、素描共60幅和书法作品20幅。画展轰动南通城，观者如堵，旧朋新友相聚，热闹非凡。

顾乐夫第二次回乡是在2000年4月。2000年4月8日上午，“南通中学校友著名画家省亲展”在中国第一所公共博物馆——南通博物苑开幕。这个画展是南通中学90周年校庆系列活动之一。

参加这次画展的画家是南通中学二十世纪四十年代至七十年代的毕业生，有徐惊百、史白、王个簃、高冠华、曹用平、袁运甫、袁运生、范曾、顾乐夫、沈启鹏、范扬、冷冰川，世界级大师赵无极亦在内。一个南通中学就出了这么多享誉海内外的著名画家，这在中国普通中学是绝无仅有的。顾乐夫为自己也是其中一员而深感骄傲。

2005 年 9 月 24 日上午，南通博物苑新展馆广场上，彩旗招展，锣鼓喧天，中国博物馆事业发展百年展览暨南通博物苑新馆开馆仪式隆重举行。国际文博组织代表、国内外知名博物馆馆长、国内外文博界知名专家等 300 余人参加了仪式。南通籍华人艺术家顾乐夫在当天的仪式上向博物苑捐赠了专为博物苑百年庆典所作的国画作品。

顾乐夫这次回国，除了参加博物苑百年庆典外，还肩负着为张謇绘肖像的重任。张謇是清末状元、著名实业家、教育家，也是顾乐夫所崇仰的前辈先贤。顾乐夫一刻也不敢怠慢。他是 6 月 23 日回乡的，25 日就开始动笔。9 月 4 日下午两点，顾乐夫在画布上抹下最后一笔，退后一步，认真仔细地端详着他的心血之作，许久许久，终于满意地舒了一口气。

这幅张謇的半身肖像油画长 1 米，宽 0.64 米。画面上张謇身着马褂，神态安详，目光如炬，不怒而威。在用色上，张謇马褂的色彩较为沉着，表达出张謇文人和儒商的特征；背景比较透明，反映了张謇的进步思想和历史功绩。整个画面反差明显，对比强烈，具有鲜明的时代特征和历史内涵。从这幅艺术精品中，可以感受到画家的智慧之光、理性之光、情感之光，启人心智。

2010 年，顾乐夫再次返乡，在南通博物苑举办了“顾乐夫画展”。尽管人在天涯，心里却总是牵挂着当年的老街。

2009 年 5 月，《顾乐夫画集》首发式在南通举行

范扬：开拓创新的实力派画家

范扬

范扬是从寺街125号诗文传世十三代范氏世家走出的著名画家、教授、博士生导师，中国国家画院副院长，南京书画院院长，中国艺术研究院中国画研究员，文化部优秀专家，享受国务院特殊津贴。

1955年1月27日，范扬出生于香港铜锣湾医院。父亲范临是香港国华商业银行高级职员、爱国民主人士。母亲镇义和为蒙古族人，曾任香岛中学教师。

为使子女受到良好的教育，父母把范扬送回以“教育之乡”著称的南通老家，寄养在外婆家。作为范氏诗文世家的第十四代，范扬从小耳濡目染，悟性极高。他很小的时候就在长辈的指导下学写毛笔字。外婆告诉他，用笔要厚，用墨宜浓，这关系到一个人日后的福泽。这句话范扬一直铭记至今。

范扬九岁时开始临摹连环画，还临过一张颇有模样的芥子园山水。11岁开始学画，小学五六年级时，通过读《中国通史》，范扬开始对读书感兴趣。孔庄道释、楚辞汉赋，乃至唐宋诗词、元代散曲、明清小说，涉猎极为广泛。范扬高中就读于南通中学。“文革”期间，通中这方净土也受到袭扰，校园动乱，人心浮躁。范扬却不受形势左右，除了参加一些指定要参加的活动外，课余时间就窝在家里博览群书、绘画练字。

1970年暑假，已经是著名画家、教授的小叔范曾回到南通探亲。他看到母校通中仍然处于混乱状态，担心侄子范扬迷失方向，语重心长地对他说：“范家的子弟都是要有出息的。现在不具备攻读理工的环境和条件。你过去对画有兴趣，也有一定的基础，如果你想画画的话，就一张纸，一支笔，你就可以成为达·芬奇，成为米开朗基罗。在一支笔一张纸里，你可以尽情地展现出才华，这个天地足够你驰骋的了。”

经过叔叔范曾的点拨，范扬茅塞顿开，当一名画家的念头油然而生。他的班主任蔡作新老师得知他这一想法后很高兴，他告诉范扬，画画不仅仅要靠画技，还必须具有相当的文学功底，特别是中国画十分讲究意境，画中有诗，意境深远。学画，古代的画要看，当代名家的画要看，外国大师的画也要看。多看多琢磨，慢慢地消化吸收，古今贯通，中西融合，才能成为一个历史性的画家。范扬听了老师一番话深受启发，从心底里迸发出“我要做一个历史性画家”的誓言。这位15岁的少年从此奠定了自己人生的奋斗目标和方向。

1972年暑假，范扬从南通中学毕业了，17岁的他很幸运地被分配到一家国营企业当工人，各方面待遇都不错。但他却和别人对调，进了集体企业的南通工艺美术研究所。当时，很多人不理解范扬“从米箩跳进糠箩”的行为，但他的回答很干脆：“为了爱好，为了追求！”

南通工艺美术研究所前身是沈寿创办的女红传习所。沈寿是民国时期著名的刺绣大师，其刺绣精品曾获巴拿马国际博览会金奖，堪称一绝。范扬终于如愿以偿地在这浓郁的艺术氛围里临宋画、临全卷的《八十七神仙图》，练白描，学剪纸，打刺绣画稿，受民间艺术的熏陶，吸收民间艺术的原动力。后来在美

范扬成名作《支前》

范扬作品《罗汉图》

术界闻名的林晓、许平、徐艺乙、冷冰川等，当年都和他一起在这得天独厚的氛围里练“童子功”，一练就是五六年。当时，中国画坛的泰斗级人物庞薰琴、吴冠中、黄永玉、袁运生、袁运甫、高冠华、韩美林等先后来此讲学、作画，启发学术，提携后进，范扬戏言他们这班小伙伴“没进大学就读博”，受益匪浅。

1976 年，范扬出版了连环画《桑弘羊舌战群儒》。

1977 年全国恢复高考，范扬考入南京师范学院美术系。在这所曾经由徐悲鸿、陈之佛、傅抱石主持的学府里，范扬如饥似渴地学艺作画，立定精神，扎牢根基。扎实的文学功底使他的画作带有深厚的文化底蕴，再加上学习勤奋，很快在班上脱颖而出。

1982 年，范扬毕业后留校任教，历助教、讲师、副教授、教授、系主任直升至首任南京师范大学美术学院院长、教授、博士生导师。

1984年，范扬长途跋涉采风，日以继夜挥毫，创作了一幅大型主题性作品《支前》。这幅画以淮海战役中的民工支前为主题，表现感人的军民鱼水情。在画面气氛的营造上，从造景到造势，再由造势到造情，气势浩荡，气韵贯通，尽显范扬对大场景人物绘画的驾驭能力，这幅作品最后入选第六届全国美术作品展览并获奖，为中国美术馆收藏。2021年，央视为纪念建党百年推出的专题《美术经典中的党史》中，聚焦了范扬的这幅成名力作《支前》。

就在范扬整装待发，向艺术高峰攀登的时候，过于投入的创作状态击倒了他的躯体，先后经历三次手术，医护人员才把他的生命从死神的手中夺回。疗养期间，他对中国传统文化“劳而无伤”“无为而得”的神韵有了真切的参悟。康复后，范扬的艺术创作进入了一个飞速上升的时期。

范扬有着极强的创新意识，绝不墨守成规，固步自封。他的画一个时期一种风格，皆出己意而为之，不为时好所俯仰。范扬鄙夷画风上的“团伙意识”，在一种潮流兴起时，他往往早已进入另一种风格的“独行”中。

二十世纪九十年代中期，范扬的几组古诗人物画纯用传统手法，其清新的画风广受同行赏识。有前辈点评道：不玩花样，正门打入，以平和手法画出高明趣旨，是内家高手。

1997年，范扬走出书斋，远赴皖、赣、藏写生，行千里路，读万重山，在大自然中体察造化之妙，探寻真山真水的师在精神。在采集养分，荡涤心灵的过程中，顿然晓悟，升华了更多的艺术感悟。范扬落笔便生墨韵，笔笔相连，连成景致不绝如缕的大千世界，浓淡青翠，随意写去，自然而合乎规矩，令人耳目一新。他爆发出来的强劲艺术创造力将自己的画境提升到全新的境界。30多幅画作在江苏省美术馆展出后，在画坛引起轰动。

1995年，更多的人通过范扬设计的邮票认识了他。邮电部发行《太湖》系列邮票，众多名家欣然应征。范扬独辟蹊径，不落窠臼，以青绿山水手法绘制太湖风光，将国画传统跟电脑创作有机结合，从众多作品中脱颖而出，一举中标，在美术界引起极大轰动。《太湖》特种邮票一套五枚，外加一小型张，全部由范扬一人创作。这次“客串”设计邮票后，范扬一发不可收拾，又在1998年，设计《周恩来诞辰100周年》纪念邮票四枚；1999年，设计《普陀秀色》特种邮票六枚。

2005年，年刚50周岁的范扬奉命进京，担任文化部中国国家画院山水画

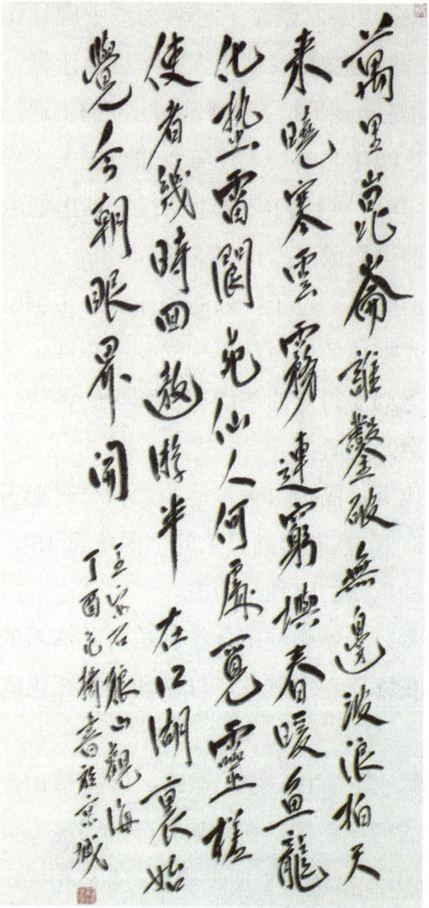

范扬书王安石《狼山观海》

研究室主任，赴法参加巴黎举行的“中国山水精神——当代经典山水画家邀请展”。

2006年9月，中国画研究院开办“范扬工作室”，任职期间，他指导国家画院“范扬工作室”学员的专业培训和学术研究，责无旁贷地挑起为中国山水画的创作与研究打开新局面的重担。他带领学员遍历名山大川，搜尽奇峰，积稿盈囊，归来创作，成果颇丰。11月，《范扬画集》由四川美术出版社出版。

2008年3月，《激扬江山2006—2007中国国家画院范扬工作室教学文献集》由北京工艺美术出版社出版。7月，《观皖南——2008中国国家画院范扬工作室写生集》由北京工艺美术出版社出版。

如今，范扬的中国画，尤其是山水画，已在国内画坛占有一定的地位。其行笔自由从容，笔路盘旋起伏，律动闪敛，似乎看到髡残的遒劲、石涛的肆纵、石蹊的生涩、八大的俊逸。他的山水画作品《皖南写生》是从师古人走向师造化的一个标志性的转换。他的画已形成了大气破格、浑然天成的鲜明风格，在当今画坛独树一帜。

范扬以开阔的思想观念和不断探索的艺术精神活跃于画坛，其作品多次参加海内外各类学术展览。他在中国画创作上涉猎范围很广，除山水外，花鸟、人物皆长，写意、工笔、书法跨界贯通，并喜欢尝试新的题材和形式语言，是当代中国画坛开拓创新的一位重要代表人物。

冷冰川：独树一帜的绘画博士

冷冰川

曾居住在寺街街区大巷5号的冷冰川，是旅欧著名艺术家、中国留学西方的绘画博士，中国独树一帜的画家。

冷冰川1961年出生于江苏南通，1977年高中毕业，进南通市工艺美术研究所。偌大的一个研究所，200多个女员工，男孩子只有七八个。那里有很浓郁的学术气氛，几乎每个人都在工艺美术领域中孜孜以求。在那里，冷冰川潜心钻研了十几年，甚至学会了刺绣、扎染等。历尽沧桑的江海文化，是他取之不尽的创作源泉。在厚重的江海文化底蕴的滋润下，七八个男孩中就有数人成长为中国美术艺术界的精英：著名画家、中国国家画院研究室主任范扬；中央美术学院设计学院副院长、中央美术学院奥林匹克艺术研究中心副主任、中央美术学院设计文化与政策研究所所长许平；高级工艺美术师、一级美术师、清华大学美术学院研究员林晓等。

冷冰川成名较早，20多岁即在中国书籍插图界闯出了点名气，在二十世纪八十年代初，就以连环画创作在国内取得稳固的地位、稳定的前途。1986年在中央工艺美术学院特艺系进修。1994年出版了第一本个人画集。1996年，他开始游学欧洲的荷兰、西班牙。

冷冰川在荷兰学习时生活比国内艰辛，为了解决生计，在课业之外，他还必须有一份工作以补充清贫的生活——给当地的中国餐馆画漓江山水的壁画。当年在江苏南通工艺美术研究所打下的扎实基本功有了用武之地，他在“面壁”的过程中也才思泉涌。冷冰川的艺术作品融合了东西方文化的精髓，画作大获成功，甚至成了很多人光顾这些餐馆的原因之一。20多家餐馆20多面墙画了下来，他居然改变了那些仅以红灯笼为招牌的餐馆的风格。

在获得荷兰国立米纳瓦设计绘画艺术学院硕士学位后，冷冰川又前往艺术大国西班牙的巴塞罗那大学继续深造，因为只有西班牙有绘画博士这个学位。除绘画专业外，冷冰川还学习雕刻、摄影、美学、哲学等，其间开始了油画创作。在西班牙，多数的日子里，白天 8—10 个小时，冷冰川都是人趴在桌子上，将全部精力贯注到刀尖，在纸上游走，酝酿构想一个新画作。

一天下来，大脑疲惫不堪，“人很郁闷，很压抑”。为了减压，冷冰川天天举哑铃，做呼吸吐纳，不知不觉原先 1 米 88 的瘦高个变成了“虎背熊腰”，再拈刀伏案，真成了“李逵拿绣花针”。经过艰苦的学习，冷冰川获西班牙巴塞罗那大学绘画博士学位。

旅欧数国，阅尽博物馆，积攒各国美术大师技艺的过程中，冷冰川有了自己的创新，他从大自然提取灵感，通过人体和自然景物抒发真情，他将江海历史文化的遗存和丰富多彩的西方艺术技法，融合进手中的画笔、画刀，以黑白的鲜明对比，组成独特的艺术世界，受到东西方绘画艺术界的关注。冷冰川的作画方式是他独创的“在黑卡纸上用刀刻画出独幅版画”，他的画不是用笔画，而是用一把冷峻的刀刻出来的，要运气、凝神，不能有半点偷工减料，在外人看来充满闲情野趣的画作，在冷冰川却必须每一刀都全神贯注。他的创作态度极其严肃，他把创作视为一种神圣的超越，依据这种纯粹的美的理想，来安排画面，臻至生命的绝对真理。一幅作品往往要捏着刻刀拼上一个星期的时光。

大家习惯于把冷冰川的黑白画叫版画，而这种黑白画实在是有别于版画，这种创作方法难度很大，冷冰川从不预备草稿，径自下刀，把漫长的生命、经验浓缩成美妙的一瞬，意随刀走，思之所至，随手成趣，一如植物的滋长，任构图在纸版上自行开展生成，居然浑如天成。这是他独创的，别人学都学不会。

冷冰川的版画，具有鲜明的个性特征，黑白分明，锋芒毕露。以明暗、黑白作光的对比；以动静、虚实作态的对比；以最简单的点、线、面，表达最丰富的形式、趣味和审美理想，在冷冰川的刀光线影里，借黑白两色营造出了一个前所未有、寂静迷人的世界。

冷冰川作品中的元素大多是东方的、中国的，甚至是家乡南通的，正是那纯然的东方意味，使西方为之倾倒。冷冰川的黑白画虽然线条很繁复，意境很幽远，但他的构图似乎很简单，视觉元素也很简单，无非是花草、树木、女人、书本、小鸟、月亮等。江南错落的屋檐、雕窗，南国常见的花木、竹帘，构成

冷冰川作品《江东》系列之一

了幽静的环境，创作的主题是少女青春期、花房和心的寓言。林木、丰草、鲜花或向日葵匝地环拥，少女青春的躯体柔波般舒展；弃置一旁的书本或乐器、敞开的鸟笼，诉说着自由；各种小精灵、草窝里的鸟蛋，是希望的预言；半开的门窗、夜空中的弯月和流星，表现出生命的神秘、质地和无常；苇荻、枯荷、古老的水车和散架的木船，岁月白发苍苍，青春依然红颜；而恶梦，也偶尔在茂密的草丛里露出狰狞的面孔。

冷冰川懂得每一片草叶的忧伤，每一朵花的激情，每一个女孩的美丽。他的黑白画充溢着一种唯美，流淌着一曲绝唱。凡此种种，都被他浸泡在深沉、永恒的寂静中。这就是冷冰川的世界，貌似淡泊，内中炽热。一种随意之中的不随意，一种被貌似简单的技法掩盖的深厚功力。他把终极信仰和细节体验、激情宣泄和典丽含蓄，水乳交融地结合在一起，使人们联想到宋人的山水画，沉毅、内省里包含着喜悦和哀伤。与勾勒肉体的圆润线条形成对比，枝叶、百叶窗，一律刀锋锐利，以令人惊叹的技巧，咄咄逼人。冷静的黑、刺目的白，在通篇黑白中营造出绚丽耀眼的彩色与光芒。极富想象的构图与版画的质地是冷冰川作品的显著特征，但对冷冰川图画的风格，众说不一。

巴塞罗那的艺术家说，“冷冰川在唱中国古老的民谣”，他的画作是一个“向人们讲述着充满东方古国神韵的童话世界”。而中国的艺术家则认为他的画作中饱含“亚德里亚海天的翠绿与湛蓝”，“有拉丁民族炽热与慵懒的官能之美”。每幅作品都是以黑白组成的独特世界，被评论家李陀誉为“创造了一个新的画种”。

董桥先生在为冷冰川画展所作之序里，表达了不一样的感受：“一帘远念，半榻轻愁，满窗孤愤，一瞬间邂逅了西方的偏见也邂逅了东方的执拗。退半步消受那些绵密而体贴的阳文，那是江南桂花雨下深情的叮咛。冷冰川是茫茫六朝烟水里走出来的人，读他几幅黑白作品和画布油画我其实也读到了放大几百倍的《纳兰词》和镶在西班牙浮雕画框里的《漱玉词》。”

冷冰川从大自然提取灵感，通过人体和自然景物抒发真情。他曾在南京博物院、中央民族文化宫、中国美术馆举办联展；在南京艺术品学院、巴塞罗那文化中心画廊、巴塞罗那奥林匹克艺术中心、巴塞罗那 CASADA 画廊、何香凝美术馆、广东美术馆等举办个展。1989 年作品《诗歌》获国家第七届美术展银质奖。1989 年作品获全国“装帧艺术委员会”银质奖。1992 年作品《童谣》系列作品获国家首届美术图书大展铜奖。1995 年个人作品集《冷冰川的世界》获国家首届装饰艺术“张光宇奖金”一等奖。1996 年作品《四季组画》获“巴塞罗那首届国际沙龙美术展”版画金奖、中国工艺美术“百花奖”一等奖。

冷冰川在不知不觉中，建立了一个属于自己也属于欣赏者的艺术世界。其著作为不少粉丝收藏，这些作品包括《冷冰川的世界—闲花房—二十四节气及其他》《夜的如花的伤口》《仲夏夜之梦》《歌谣之二》《触处拟花开：冷冰川贰零零冬》《最后的罂粟》《遁词》。

2021 年 9 月 29 日，《冷冰川新作展》在南通美术馆开幕。在这座位于紫琅湖畔的簇新展馆里，我们又一次邂逅了让人惊叹不已的冷冰川。

冷冰川《西班牙山水》

红色基因 代代赓续

——追忆寺街西南营革命遗址和烈士故居

寺街、西南营历史文化古街区，保留有不同历史时期的革命遗址和烈士故居。南通革命大踏步前行的步履有条不紊，衔接有序；红色基因，代代赓续，星星之火从这里蔓延至江海大地，为南通留下一曲执铜琵铁板唱大江东去的浩歌长嗟。

请铭记这些革命遗址

寺街、西南营珍藏着南通人民不同时期开展革命斗争的12处革命遗址：

清代的**三衙墩**，军山农民起义首领黄朝阳在此就义，全家惨遭灭门。

辛亥革命时期，南通总司令部民政分府曾在**柳家巷**树帜立威。

民国时期的**王家坝**，支持孙中山二次革命、讨伐袁世凯的反袁革命烈士沙淦于此殉难。

大革命时期，中共南通县委秘密机关在**三衙墩16号**点燃星火，中国工农红军第十四军在**寺街19号**运筹帷幄，中共南通中心县委在**寺街51号**播洒革命火种。

抗日战争时期，**寺街胡家园巷6号**是抗日义勇军宣传队的诞生地，**西南营义巷5号**是抗日救亡活动的联络点，**寺街51号、119号**则是苏中四分区传递情报的秘密联络站。

解放战争时期，**西南营义巷5号**的顾宅是“3·18”斗争具体行动的筹备处和进步话剧演出的排练场；**新群巷**里的古郡王庙里上演了革命青年的首场文艺晚会；**育婴堂20号**的北濠小学则是南通青年“3·18”出发游行的集合地。

南通县委曾在三衙墩巷设立秘密机关

南通地区红色革命每个关键结点，都在寺街、西南营留下了深深的印记，逐步扩大充实的红色基地如史诗般厚重。

【燎原星火：三衙墩 16 号、寺街 19 号、寺街 51 号】

寺街、西南营地区有着光荣的革命传统。第一次国内革命战争时期，中共南通县委就在寺街的三衙墩 16 号设立了秘密机关，为寺街、西南营的革命斗争史掀开了新的一页。寺街 19 号共青团南通县委妇女部长朱文英的家，也先后成为中共南通县委和通海特委的秘密机关。1927 年秋到 1930 年底，县委、特委和红十四军的主要负责人李超时、刘瑞龙等，常在此开会，有时就住在此处。

1929 年冬，中共中央军委决策成立中国工农红军第十四军。其后，开展土地革命，创建根据地，通海如泰成为全国十五块红军游击区之一。历时七个月之久的红十四军是江苏境内唯一列入中央序列的正规红军部队，在中国革命史上占有举足轻重的地位。当年保留下来的骨干，对中国革命的胜利均做出了不朽的贡献。正如原红十四军大队长张爱萍将军 1986 年题词："红十四军的光辉业绩永照人间。"

寺街西南营党性教育基地

寺街51号在1930年至1933年之间，曾是中共南通中心县委的秘密联络点。中共南通中心县委书记木东（黄家骏）在观看了新民剧社的演出后，主动与新民剧社负责人之一的史白取得联系，随后隐藏在寺街51号史白的父亲办的养正小学里，刻印传单，召开秘密会议，开展革命活动。木东牺牲后，中共江苏省委巡视员卢世芳重新与史白建立联系，他租住在小巷里，也常在养正小学开展革命活动。卢世芳还和史白的弟弟，利用西风放飞藏有革命传单的孔明灯。当风将孔明灯刮到县府钟楼上空时，线香燃断传单的扎绳，印有苏区红军捷报的传单随风撒向县府大院、十字街头……革命青年纷纷效仿，一时间，革命传单从空中、从城墙上撒下南通城，敌军如临大敌，全城戒严。

1932年4月下旬，省委巡视员卢世芳、团省委巡视员周振国、南通中心县委书记顾贤臣在养正小学召开了纪念五一国际劳动节预备会议。会后五厂工人联盟组织了声势浩大的罢工，之后相继出现了工人焚香进城请愿、菜贩罢市、人力车夫罢工、商店停业、学生罢课等，直至资方退让妥协，罢工运动以胜利告终。

【抗战烽烟：寺街胡家园巷6号、西南营义巷5号、寺街51号及119号】

1937年8月17日，日军空袭南通城，国民党东北军57军111师进驻南通城。10 月，经国民党中央军事委员会批准，隶属于国民革命军 57 军 111 师政训处的抗日义勇军宣传队正式成立。在胡家园巷 6 号，徐惊百、邹强、孙卜菁组织领导 27 名队员在南通城开展了轰轰烈烈的抗日救亡宣传活动。他们兴办了南通抗日宣传的第一媒体《军民导报》，发行范围扩大至如皋、海门、启东等地区。他们在剧场、街头演唱抗日救亡的歌曲，还下连队教唱东北军的官兵。他们在更俗剧院、街头、连队循环上演抗战题材的戏剧：《放下你的鞭子》《八百壮士》《望东北》，引起市民与官兵的强烈反响，激励了官兵打回老家去的信心，大大鼓舞了军民抗战到底的士气。在 111 师奉命撤离南通城时，徐惊百等 14 位队员随军北上。东北军中的中共工委发展徐惊百、邹强、周丕炎、刘祖荫等队员加入中国共产党。在中共工委的秘密影响下，111 师在鲁南与八路军合作，开展游击战，打击日本侵略者，取得大小 30 多次胜利。

抗战初期，义巷 5 号的顾迅逸就与后来担任上海地下党干部的陈昌谦、余则成式的英雄张冰烈士和其弟张炎烈士等一批进步青年组成了战时青年救亡团。义巷 5 号既是他们开展抗日救亡活动的联络点，也是 1938 年参加中共江北特委、抗战支队政治部领导的苏北敌战区救亡工作团进行抗日宣传、搜集日伪情报的城内秘密接头地点。

1942 年，新四军三旅敌工部部长胡之同志奉命入城，经地下党负责人曹从坡指引，来到义巷 5 号与顾迅逸接头，长期进行搜集日伪情报和输送药品、器材的地下工作。顾迅逸常来往于通州四安新四军驻地，接受东南警卫团政委、南通县委书记顾尔钥的当面指示，下达情报搜集的新任务，并与到此的曹从坡相约回城做地下工作，后又在曹从坡安排下打进日伪清乡公署。曹从坡在营救地下党领导人马世和后回到根据地。城工委根据曹从坡的推荐，安排顾迅逸接替了他在清乡公署内的工作。在这些共产党员和著名文化人士的影响下，义巷 5 号成了进步青年集聚、活动常去的地方。

抗战中，寺街 51 号又成为苏中四分区党的秘密情报地下联络站。1944 年，随着日寇的清剿、扫荡，江北形势开始紧张恶化。为了适应当时的敌我斗争，史白被组织安排进城，其妻——原抗战支队政训处民运工作队支部书记理明也回敌占区潜伏，在养正小学以教师的身份做掩护。他们建立起苏中四分区秘密联络站，承担城乡专线联络工作，并发展中国银行一职工为交通员，为苏中四分区传送情报。

【冲破黑暗：西南营义巷 5 号、新群巷、育婴堂 20 号】

解放战争时期，寺街西南营的原住民，为了新中国的解放，有的身先士卒、血染沙场，有的直面敌寇、宁死不屈，牺牲在黎明前的曙光里。还有的则利用文艺活动，集聚革命力量，发动群众，投入到和平民主运动中去。南通有名的“3·18”惨案的八名烈士中，就有四名烈士的故居在寺街、西南营。

红色基因不间断的延续和革命志士承前启后的熏陶，使寺街、西南营成为一方热土，从这里走出了众多的志士仁人、革命烈士。这里革命英烈故居密布，后人常于此缅怀。以下为您介绍一批有代表性的英烈故居。

共青团妇女部长朱文英

朱文英烈士的故居位于寺街 19 号后院。朱文英，1910 年 4 月 13 日生于扬州，后迁居南通。虽家境贫寒，父母仍省吃俭用供朱文英上学。朱文英学习刻苦，从小学到初中三年级，每次考试都名列前茅。

1925 年“五卅”运动以后，朱文英受到革命思想的熏陶，开始参加反帝爱国学生运动。1927 年“4·12”事变后，她在中共地下党组织的领导下，积极投入了反对国民党反动统治的斗争。当时女师进步学生以学生会的名义开办夜校，为学校工友们上文化课。朱文英参加夜校工作，借此机会传播革命思想。有时她还把革命同志带到自己家中开会、印发文件和传单。这时的朱文英已成为女师学生革命团体的主要骨干和南通学生联合会的活动分子。

朱文英于 1927 年加入共产主义青年团，后又加入中国共产党，是南通女师早期的共产党员之一。共青团女师支部成立时，她被选为支部书记。1928 年，朱文英担任共青团南通县委妇女部长。朱文英的不懈努力，鼓舞了更多青年投身革命。

1928 年 6 月 2 日，中共南通县委在南通博物苑召开扩大会议，被国民党反动派发觉，参加会议的县委书记彭汉章（汪世杰）等十人一齐被捕。白色恐怖笼罩了南通城。尽管环境险恶，朱文英仍坚持在女师开展革命活动，她在寺

寺街 71 号红十四军秘密联络点

街的家先后成为中共南通县委和通海特委的秘密机关。

1927 年秋到 1930 年底，县委、特委和红十四军的主要负责人李超时、刘瑞龙、韩铁心、袁锡龄、陈国藩、张维霞（吕继英）等经常出入朱文英家，在她家开会，住在她家。朱文英父母不仅帮助收藏革命文件、掩护开会，还无条件地为他们安排好生活。尽管这五口之家常常入不敷出，日子过得很艰难，朱文英家还是将全部收入用于革命事业。

朱文英家东边仅隔一道墙，就是国民党南通县政府及其监狱。那里筑有碉堡，设有敌兵岗哨，监狱里拷打犯人的声音时常能传到朱文英家。李超时、刘瑞龙常常在这老虎口下，冒着生命危险，召开秘密会议，商讨红十四军战斗大计。为了保证他们的安全，以防万一，朱文英还让母亲到周围邻居家寻找第二个落脚点。恰好寺街 16 号（现 71 号）院内的朝南的屋后还隐藏着一个小后院以及朝西屋一间，非常隐蔽，适宜从事秘密活动。在详细了解了屋主革命的政治态度后，朱文英就租借了这间房屋，供同志们召开重要会议。

1929 年，朱文英遵照党的决定，去上海工作。临走时，她再三叮嘱父母要好好掩护机关，照应同志。之后她又调到无锡工作。

1930 年初，朱文英在上海参加党的会议之后，即去上海安迪生电灯泡厂参加领导罢工的斗争。1 月 16 日清晨，她在工厂门口被敌人逮捕。被捕后，她自称周林宝，虽经多次审问，始终不吐实情，后被押送至苏州监狱。不久，由于监狱里非人的折磨，朱文英染上了严重的伤寒症。经组织营救，被保外就医，住院期间，敌人仍对她进行精神折磨。

1930 年 5 月 29 日，只有 20 岁的朱文英在苏州博习医院去世。为了保护设在家中的党的秘密机关，从被捕到病逝，朱文英未给父母写过一封信。

马世和故居大门

“谍报女杰”马世和

马世和是抗日战争时期中共地下党南通县委组织部长、区委书记，她曾孤身一人潜入日伪特务机关，为抗日根据地收集敌特情报，被誉为孤胆英雄、“谍报女杰”、杰出的地下工作者。

马世和生于 1922 年 5 月 19 日。先后就读于养正小学、城北小学，在南通中学求学时，马世和读了许多革命进步书籍，积极参加校内的革命活动。

抗日战争爆发后，面临国破家亡的动荡时代，15 岁的马世和坚定地选择了自己的人生道路：“坚决不做亡国奴！”在父亲的支持下，她毅然离开家庭，投笔从戎。

1938 年 4 月，马世和和几个同学离开城区，到陈家酒店参加当时抗日的江苏省第四行政督察专员公署特务总队。马世和在特务总队任宣传员。她以满腔的爱国热情，活跃在农村、集镇，运用群众喜闻乐见的形式，宣传抗日思想。

1938 年 8 月，中共江北特区委员会进入抗战支队开展活动。10 月，马世和参加了抗战支队，先后任政工队队员、政工队副队长。她和政工队员前往如皋县岔河西的崔家河和银杏埠子一带的农村发动群众，经常住庙宇、睡地铺。她的穿着打扮像个地道的农村姑娘，能和农民们打成一片，向他们传授文化知识，宣传抗日救国思想。

1939 年春，由中共地下党员廖绪忠介绍、经中共江北特委批准，马世和加入了中国共产党。那时，她年仅 17 周岁。同年夏季，马世和受党组织委派到如东开展农民运动，创办农民夜校，建立妇女识字班，开办农民合作社，建立农民自卫队，以多种形式发动和组织农民抗日救国。

1940 年 5 月，马世和随抗战支队北上，任政治工作队队长。在国民党顽固派阴谋镇压抗战支队中进步分子的前夕，马世和接到任务：通知有关同志及时转移。马世和不顾自己正发着高烧，行水路、走陆路，日夜兼程，按时到达东台。将“我部即行起义，请注意千万不要回‘抗支’，防止发生意外”的秘密通知送到江北特委委员陈伟达的手中。

1940 年新四军东进，马世和参加了新四军苏北指挥部挺进纵队，被派到靖江县担任妇女部长。不久又被调到新建的如皋中心县委，担任芦港区委书记。10 月，新四军苏北指挥部第三纵队在陶勇司令员率领下，挥戈东进通如海启，建立苏中四分区抗日根据地，马世和随三纵东进，任掘港区委书记。后任如皋县委组织部长，她不失时机地开展了大量的党群工作，取得良好效果。在这几个月里，马世和经受了实践的考验。她逐渐成熟，显示出卓越的政治和组织才能。

1941 年 11 月，为了贯彻执行中央关于开展敌后城市工作的决定，苏中四地委经过慎重考虑，派遣马世和只身进入敌占区南通城，担任南通城地下党特派员，配合根据地的武装斗争。

马世和进城后，化名马淑华。根据党的指示，她利用各种社会关系，秘密开展工作。1942 年春，她潜入日本人开办的江北中央医院，任护士班国文老师。护士班的学员是中国学生。马世和通过宣传抗日爱国思想，和学生建立起很好的感情，得到了学生的帮助和掩护。

马世和进入南通城后，在医院、学校、文艺团体中，先后发展十余人加入中国共产党，建立了党支部。她要求地下党员利用各种可以利用的社会关系，以合法的手段，开展对敌斗争。

1943年4月，日伪对苏中四分区进行“清乡”，马世和接到四地委紧急通知，要求她设法潜入伪敌特机关，获取敌人的核心机密，配合根据地的反“清乡”斗争。

一位来自根据地的年轻女共产党员，要潜入特务机关内获取机密情报，必须有随时准备着牺牲自己的决心和勇气。

马世和毅然接受这一艰巨的任务。她通过父亲的社会关系，成功潜入伪特工总部江苏实验区苏北分区总站。为了隐藏身份，她改变原来的装扮，和特工站女职员一样，烫起头发，穿起花旗袍、高跟皮鞋，还戴上了项链、戒指，一身珠光宝气地频频参加灯红酒绿的宴会。连一个熟悉马世和的自首分子也肯定地说：现在马世和确实变成特务了。

不久，马世和被调至城区特工组，这个组的主要任务是侦查、监视我方进城人员，搜集根据地情报，破坏反“清乡”斗争。组长是个老牌特务，既狡猾又阴险。他在各种场合利用各种手段，多次试探马世和的政治态度。但狐狸再狡猾也斗不过好猎手。勇敢机智的马世和，利用敌人内部的矛盾，屡次化险为夷，一直坚持战斗在敌人的心脏，源源不断地送出重要情报。

1943年年底，马世和被调至四甲坝特工组，负责内勤工作，保管情报资料。一次，她发现一份日伪派遣潜伏在我通东地区的特务名单，迅速秘密抄下，机警地将这个重要情报藏在衣服内。后将情报同几瓶香水一起用布包扎好，交可靠同志送到地下交通站，转呈四地委机关。根据地的公安部门经过查核，将这名单上8个特务一网打尽，消除了隐患。苏中四分区司令员陶勇赞扬马世和，起了拿枪的军人所不能起的重大作用。

1944年4月，各地特工站解散，马世和遭裁减。期间，她经常去南通城，领导地下党的工作，开展对敌斗争。繁重的战斗任务，使她一刻也得不到休息，她不幸染上了肺结核，7月，住进了基督医院。这时，伪苏北清乡督察专员公署情报室，对马世和的身份已有所怀疑，派出特务到医院对她进行秘密监视。敌人阴谋“放长线，钓大鱼”，妄图通过马世和将我地下组织一网打尽。但是，敌人的这个阴谋，被有着丰富地下斗争经验的马世和觉察到了。同时，当年曾受过马世和教育影响的爱国护士也冒险送来了有关情报，证实了这一点。

马世和自知身陷险境，却能不泰然处之动声色地，思考新一轮的战斗方法。

苏中四地委在接到南通城地下党有关马世和身份暴露的紧急报告后，决定

马世和剪去辫子，在护士掩护下从容脱险 侯德剑绘

让马世和立即撤回，急电指示南通县委设法营救。当马世和获悉党组织正准备营救她时，马上写密信通知城内的地下党员：“要注意保存党的力量，千万不要以同志们的安全，换取我的生存，否则我的心不安，党也不允许的。”得知党组织已开始了营救她的准备工作，为避免组织受损，马世和决定提前自救。

7月30日傍晚，马世和在护士的掩护下，剪去辫子，戴上墨镜，从日伪特务的眼皮底下，从容地走出医院大门，在根据地游击队的接应下，回到了解放区。就在马世和胜利而归的当夜，一卡车武装宪兵开到医院，意欲捉拿马世和，结果却扑了空。

马世和抱病突围，致使病情恶化，养病于后方医院。在治病期间，她把《钢铁是怎样炼成的》的主人公保尔·柯察金的名言“忍受一切，只要我能够回到我原来的队伍的岗位上”写在日记本上，激励自己与病魔作斗争。她总是以重新获得为党工作的机会而高兴。可是，由于长期积劳，她的肺病一天天严重。

1947年6月7日，马世和不幸病逝于上海中山医院，时年25岁。新中国成立后，移葬上海江湾烈士陵园。

1950年7月，中共南通市委为马世和修文树碑于墓地，以志永念。

热血洒黄海吴度

吴度，字君量，1917 年出生。少年时代曾就读于南通中学，求学期间，他酷爱文艺、音乐、摄影，也爱好英语。与同班同学江蕴端（江村）、范绳祖、赵无极、杨榕、屠志渊等过从甚密，成为挚友。吴度家的后门与江村家的前门相对，两人从小就在一起玩耍，后来既是同学，又志趣相投，成为莫逆之交。即使在上世纪三十年代初吴度转学到杭州蕙兰中学后，两人仍保持书信来往，互赠照片、诗文。

1937 年，吴度考取了之江大学。正在他准备入大学就读之际，抗日战争爆发，他未能继续求学，随父亲逃难迁居至江苏东台大中集（即今大丰县）。

国难当头之际，吴度决心投笔从戎。他与同样来自南通的挚友周育海商议奔赴抗日前线。此时，另一位南通友人兰琼因参加了 111 师义勇宣传队，随军来到淮阴，并应中共地下党苏北特委俞铭璜之约来到大中集，找周育海商量一起去苏北游击区开展工作。

1939 年八九月间，经俞铭璜介绍，在兰琼带领下，吴度与周育海以及通如郊区的三四位同仁，先后到达高邮的临泽区，在当时驻防在此的国民党军队常备八旅（旅长杨仲华）在我地下党组织的支持和帮助下，组织了一支 30 人左右的抗日宣传队。明里隶属于国民党军队，暗中却接受中共地下党的领导，以国民党部队的官兵和游击区的广大群众为对象开展抗日宣传工作。此时，周育海易名周韬，担任这支宣传队的戏剧宣传总负责人。吴度凭着平时在学校里学来的演出技巧，成了周的得力助手。他们集编、导、演于一身，以下层士兵和人民群众中的真人真事为素材，先后编演了《夜之歌》《父子参军》《秋收》《夜归》等活报剧和独幕剧。在他们的带动下，短短时间内，宣传队的活动就搞得有声有色。

在地下党员的帮助启发下，吴度的思想觉悟提高很快，游击区火热的战斗生活，激发了他昂扬的革命精神。他积极追求真理，渴望参加党组织。1940 年初，由地下党总支书记丁正铎和支部书记兰琼介绍，吴度秘密参加了中国共产党。入党后他工作更加努力，深入连队班排，以交朋友的方式，在国民党军队指战员中争取抗日力量。他还结交了许多出身贫苦的士兵，提高他们的觉悟，使他们认识到国民党消极抗战的实质。无论是在从事党的地下工作中，在抗日

吴度烈士故居在侯家巷内

宣传工作中，还是在组织农民夜校中，吴度都发挥了骨干作用。但他不满足于所取得的成绩，他向往参军，到战场上与日本鬼子真枪实弹地干一场。

1940年底新四军东进后，吴度的愿望终于实现了。按照党的指示，吴度被调到新四军工作，同时化名为李慕白。不久，从盐城来到东台大中集，参加对国民党实业保安队的改编工作。他参加了苏北行政委员会警卫团，任连指导员，转战在东海之滨（当时苏中区党委、苏中军区、苏北行政委员会均在东台的三仓河一带）。后警卫团改为海防团，驻防弶港，吴度被提升为营教导员，除保卫苏北行政委员会外，兼负保护渔民出海捕鱼的任务。

1941年六七月间，吴度从部队回东台大中集休假。他放弃休息，以普通演员的身份，参加了大中集青抗队的抗日演出活动，演出了《大江好》等宣传抗日的话剧，动员群众投入抗战。

1942年春节前夕，吴度所在的部队海防团驻扎在苏北东弶附近。当时，由原弶港渔业实业保安队改编的苏中警卫团部队一部企图叛变投敌。新四军领导层获悉此消息后，决定施计将其缴械。于是，利用春节团拜的机会，把该部队集合在弶港的一个庙堂前面，结果一枪未发，胜利地缴获了该部队的枪械，消除了一起叛变事故。

1942年5月，吴度率一排部队，负责护送海防团副团长吴福海去启东执行任务。返程途中，在吕四港以北黄海海域与伪军四条船遭遇，发生枪战。吴度的船被敌船团团围住。吴度冒着密集的弹雨，沉着指挥战斗，终因寡不敌众不幸中弹，躺倒在血泊中，为抗日战争和民族解放事业流尽了最后一滴血。

在生命的最后一刻，他挣扎着，用颤抖的手，沾着自己的鲜血，在船板上写下了“共产党万岁”五个大字，表达了他对中国共产党的无限忠诚和对祖国的无比热爱的崇高信念。

吴度牺牲后，悲痛欲绝的战友们用一面血染的党旗，裹住他的遗体，将他投入茫茫黄海之中，使他与天地、大海共存永驻。

铮铮铁骨江上青

江上青烈士

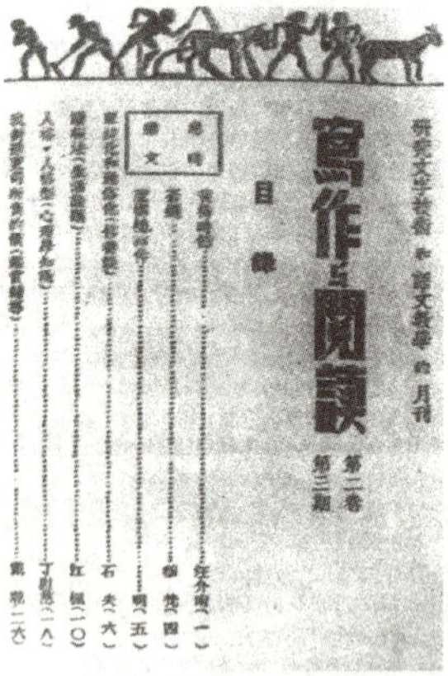

寫作與閱讀
第二卷 第三期
目錄

《写作与阅读》

江上青，原名江世侯，1911 年 4 月 10 日出身于江苏扬州江都县仙女庙镇一个中医家庭。1927 年 7 月，北伐战争爆发，扬州局势混乱，江世侯偕七弟江世伯到南通投靠大哥江世俊，一家人住在通明电气公司柳家巷 15 号家属宿舍内。 8 月，江世侯考取了南通中学，在南通中学高中部读书期间，与同学、中共秘密党员顾民元结为知己，受其影响，积极参加反对帝国主义列强和军阀的学生运动。11 月，在顾民元的介绍下，江世侯加入了中国共产主义青年团。

1928 年 9 月，江世侯转学至扬州中学读书，积极投身地下党领导的学生运动。他组织同学上街游行，经常在校园、街头演讲，还撰写文章、散发传单，揭露社会黑暗、政治腐败，号召市民、学生奋起反抗。这使他很快成为反动当局及其鹰犬关注的对象。一个学期未结束，江世侯就在东关街江家桥家中被反动当局逮捕，后被押解到苏州，关进司前街监狱。开庭后虽经律师辩护无罪，但仍被羁押半年。1929 年 5 月，江世侯从苏州监狱获释回扬州，扬州中学拒绝他复学回校，他被迫辍学。7 月，江世侯的父亲江石溪根据诗句“江上树峰青”，为江世侯和七弟江世伯同时改名为江上青、江树峰。江世侯以新的名字江上青，投考上海艺大文学系，被录取。8 月，江上青满怀对大学生活的憧憬，来到上海艺大读书。他的团组织关系转到艺大后，他成为中共正式党员。后经中共法南区委决定，由江上青担任上海艺大的党支部书记。在此期间，他积极领导和参加学生运动，并经常深入工厂开展革命宣传组织活动。12 月，在上海北四川路粤商大酒楼参加党的会议时被反动当局逮捕，在狱中受尽折磨。为了激励自己和难友，他写下了不少诗篇，后在多方营救下获释。

江上青因在狱中患了严重的哮喘病，身体极度虚弱，1931 年 2 月他被父亲接到南通养病，仍住城中柳家巷通明电气公司家属宿舍。江上青革命意志不减，陆续撰写新体诗作，为民鸣不平。8 月的一天，党组织派人来柳家巷寻找江上青，决定派他到上海暨南大学学习社会学，因此江上青又到上海继续秘密从事学运工作。

1932 年 2 月，江上青回到扬州，在十二圩子初中和扬州平民中学教书，继续以传播革命火种为己任。不少学生和社会青年受到他的影响，先后踏上革命征途。

1934 年 10 月，江上青在灌云大伊山、赣榆沙河、沭阳吴集等地开展社会调查，进行民众教育工作，在沭阳曾被土匪绑架达半月之久。

1936 年 11 月，江上青和于在春、顾民元、王石城四人发起创办《写作与阅读》杂志，并担任编委，先后发表文章多篇。1937 年 3 月，《写作与阅读》改由上海新知书店出版，江上青担任杂志发行人。编委有尤墨君、于在春、王石城、江树峰、吴天石、杨雨田、顾民元、李守章（李俊民）和施春瘦（史白）

江上青在南通中学入团处

通中厢楼，一批著名校友曾在此学习

等。此时的编辑部设在南通顾民元家。江上青每月从扬州来南通一次，取走稿件，再送往上海。每次来南通，他都要通报刊物在上海印刷、发行的盛况，提高大家办杂志的积极性。由于他们的努力，《写作与阅读》受到全国各地学生和教师的欢迎。

抗日战争爆发，沪苏一线沦陷，江上青大力动员青年投入救亡运动，在扬州掀起抗日怒潮。

江上青组成抗日宣传队，从扬州出发，溯江而上，广泛开展抗日宣传活动。江上青发挥演讲才华，听众深受感动。江上青在武汉和党取得了联系，经中共长江局批准，重新恢复了党籍。1938 年冬，江上青受中共安徽省工委派遣，由大别山来到皖东北，做开辟敌后抗日根据地工作，担任特支书记。他打入国民党安徽省第六行政区专员、保安司令盛子瑾部做地下工作，公开职务为专员秘书，兼任第五游击区政治部主任。同时，江上青担任秘密的中共特别支部书记，致力于开辟皖东北抗日根据地，创办了《皖东北日报》，担任皖东北军政干部学校副校长，在中共皖东北特委领导下，培养大批青年抗日军政干部。他充分利用公开身份促成统战局面，使八路军、新四军得以在此地区展开抗日游击战争，发展人民武装。他还为《皖东北日报》撰写社论，发行毛主席的《论

柳家巷 15 号内江上青一家曾经住过的屋子

持久战》《论新阶段》石印本。他夜以继日工作，为创建皖东北根据地打下了基础。

江上青当时的处境十分险恶，安徽为国民党桂系军阀控制，东面是江苏国民党顽固派势力，泗县、五河、灵璧、凤阳等县城为日寇侵占，乡村里有恶霸地主土圩子，他们互相勾结无恶不作。江上青嫉恶如仇，坚决与敌伪顽霸作斗争，因而成了敌人的眼中钉。

1939 年 8 月 29 日，一个由国民党反动派策划的谋杀事件发生了。江上青外出灵璧县工作，归来途经泗县东北部小湾村时，惨遭反动大地主柏宣生、王铸久武装叛乱袭击，壮烈牺牲，终年 28 岁。江上青牺牲的噩耗在皖东北地区传开后，各界人士无不悲痛惋惜。他们分别在青阳、崔集、管镇等地隆重举行“江上青烈士追悼大会”，参加者数以万计。

江上青牺牲后不久，中共领导的部队战胜了敌、伪、顽、匪，在他洒过鲜血的地方，建立起皖东北民主根据地。

革命文艺战士史白

史白，原名施春寿，别名有施与、施雨、施羽等。他是著名的美术家和戏剧家、革命文艺战士。史白在二十世纪三十年代就开始了革命活动。他是中国左翼作家联盟在南通的活跃分子，是中国左翼戏剧家联盟南通分盟的创始人。

1929 年，鲁迅先生提倡新兴木刻，在上海美专求学的史白创作了反映工农大众生活及斗争的版画集《汹嚣》，被鲁迅先生编进《青年版画集》丛刊出版。

1931 年 2 月，中国左翼戏曲家联盟南通分盟成立，史白作为主要负责人之一，积极参与组织新民剧社的活动。史白以“新民剧社”为主干，联合赵凤翱、顾而已组织的“小小剧社”，开展戏剧活动，鼓舞民众的爱国斗志。他还和后来考进上海美专的徐渠、丁吉甫、赵凤翱等，组织“美专剧团”。值得一提的是，史白根据“燕赵太子丹”的典故，为赵凤翱取了一个响亮的艺名——赵丹，这个名字被赵丹用了一辈子。

1932 年，史白担任淞沪抗战十九路军的上尉政训干事，在部队宣传革命，后随军南下广州。不久，发生“福建事变”，他的身份暴露，只身潜归南通，担任通中实小图工老师；为《北风》期刊、《南通文艺》《枫叶》刻版画封面；

史白故居大门

史白烈士纪念室

与顾民元、吴天石等创办《文艺组合》。

南通中心县委书记木东（黄家骏），在看了史白在新民剧社编导的节目后，主动找到史白，将他作为发展对象，进行革命宣传。史白将木东隐藏在父亲创办的养正小学里，让弟弟每天为他送饭。木东将养正小学作为南通中心县委的秘密活动基地，在这里刻写革命传单，联系发展重建南通各地下党组织。据徐建楼（李守淦）回忆：“党的秘密会议常在施春瘦（即史白）家里举行。”木东有时也到史白家对各学校进步学生进行革命宣传。

木东不幸牺牲后，中共江苏省委巡视员卢世芳、南通中心县委书记顾臣贤继续与史白保持联系，利用养正小学开展革命活动。卢世芳不但教史白的弟弟利用孔明灯散发革命传单，还在史白家中套房的地板下掏挖秘密窖坑，作为地下刊物《红旗》《光明》《斗争》《布尔塞维克》等期刊转运站的藏书窖。后中共江苏省委卢世芳指示，将史白的家改为沪通两地收转与汇款单线联络点后，他们就不在史白家活动了。此时，养正小学成为南通中心县委开展革命斗争活动的主要场所。

据王颂旋回忆，1933年四五月，中共南通中心县委领导大生一厂罢工期间，省委党的巡视员卢世芳、团的巡视员周振国在养正小学召开有三四十人参加的会议，进行罢工前总动员。后史白的弟弟施馥寿书写革命标语被捕，党组织立即将史白调离南通。

离开南通的史白，在上海、昆山、常熟一带以擅长的音乐、戏剧、图工等工作为掩护，继续进行革命活动，并时常抽空回南通组织新民剧社的活动。

1935年6月，新民剧社与小小剧社联合排演《五奎桥》，史白为总导演。《五奎桥》剧本的封面也是史白画的。由于国民党当局的禁止，该剧未能公演，社员多数离通，剧社停止活动。彼时《怒吼吧，中国！》的剧本已印好，作为道具的100双草鞋也买了，但未能排演。

史白在南京民教馆任职时，兼任南京国民革命军烈士遗族学校的美术老师。同时加入南京左翼戏剧家联盟，与瞿音白、洪叶、高履谦等从事戏剧活动。

1935年下半年，史白参加南京左翼戏剧家联盟的万人抗日救亡大合唱，与田汉同案同牢被捕。史白受刑后肺结核大出血，生命垂危。经辗转请托，得到国民党元老叶楚伧、于右任的出面干预，得以保外就医，切除半叶病肺，回家疗养。

1937年“七七”事变发生后，在家养病的史白积极参加抗日宣传。为《救亡时报》撰稿和木刻，当《军民导报》特约撰稿人。他还用施与的笔名，参加江上清主编的《写作与阅读》编委会，任编委兼该刊第二卷的美术编辑，负责封面设计、扉页装饰，使杂志面貌焕然一新。

1938年南通沦陷后，史白和一大批志同道合的抗日青年转移到石港南乡于家园，参加了当时抗日的特务总队。史白在特务总队政训处编写部队的政治教材，任江苏省第四区保安司令部特务总队科长，创作活报剧《捉敌探》《袭敌哨》等。此时，为不牵连家人，他改名为史白。

1938年10月下旬，史白加入抗战支队，在抗战支队战时动员委员会工作。并将江北特委的洪泽、吴惠生介绍给抗战支队的负责人梁灵光。后来，史白被调往抗战支队政训处民运科工作，写抗日剧本，作抗战歌曲，绘宣传画，组织“递步哨”，还建立起尖兵剧团，任副团长。这段时间里，史白除撰写了多部街头抗日活报剧剧本外，还为中共江北特委出版的《大众周刊》设计封面，并常用笔名史玉为《大众周刊》撰稿。

1939 年 1 月史白带领“尖兵剧团”，从马塘到掘港、苴镇、何家灶，巡回演出。演出他自创、自编、自导、自演的抗日戏剧：五幕话剧《游击队的成长》、活报剧《两瓶枣儿红》。

1939 年秋，江北特委决定安排史白、理明（史白的妻子）去皖南新四军总部工作。到上海后，因交通被截断，党组织通知他们暂留上海。在上海期间，史白创作了五幕历史剧《屈原》，在辣裴剧场导演了大型爱国话剧《梁红玉》。“其导演手法和美术制作曾喧腾全国。木刻、歌词、油画尤所擅长，为一全能艺人。”

1940 年，新四军东进后，史白担任新四军苏中四分区政治部文教科长兼分区参议，参加组建苏中四分区政治部战地服务团，兼任副团长。他根据当时斗争的需要，创作了大量鼓舞民众奋起抗日的歌曲、剧本，作品包括《雪》《血》《枪》《供》《米》《捐》《盐》等多部话剧、歌剧。

史白的剧作结合实际，生动感人，具有极大的感召力，轰动了五镇四乡。五幕话剧《游击队的成长》，每到一地连演数天，盛况不减。演出结束，群情振奋，常常引发几十甚至上百名青年跳上舞台，争相报名参军杀敌的火热场面，激动人心。活报剧《两瓶枣儿红》，通过讲述拎着两瓶马塘名酒枣儿红的小木匠，给师傅送端午节礼，途遇国民党税棍索要酒税的真实故事，深刻揭露了国民党反动派国难当头不思抗日，一门心思搜刮苛捐杂税，鱼肉百姓的反动本质。此剧演出后，引起了马塘百姓的共鸣和愤慨，当天中午，所有的店铺都打了烊，爆发了马塘镇有史以来的第一次罢市。

由于史白在抗战宣传中的突出表现，1941 年初，四地委宣传部长洪泽通知史白前往盐城，出席新四军军部召开的“苏北文化协会第一次代表大会”。大会结束后，史白受到当时新四军政委刘少奇同志的接见，并向他汇报了苏中文化工作情况。

深受鼓舞的史白，创作热情更加高涨。1942 年冬，反“清乡”斗争前夕，史白任苏中四专署文教处长，创作了大量歌词歌曲，从目前搜集到的少量存世作品中仍能看到其作品的革命性、战斗性。如史白作词、沈亚威谱曲的《纺纱织布》《金牛谣》；史白作词、涂克谱曲的《当心鬼子来抢粮》；还有史白自己作词谱曲的《抗敌学校校歌》《薄粥喝喝》《割麦插禾》等。这些歌曲既易普及又富有意趣，在解放区广为流传。史白还创作了歌剧《吴满有》、小歌剧《打

史白烈士故居庭院一角

走了鬼子才有米下锅》。当时，南通县中学生组成的通西服务团，排演了史白的新作《打走了鬼子才有米下锅》，这首小歌剧有独唱、合唱、轮唱、表演唱，歌与剧糅合一体，演出效果十分好。演出结束时，台下鼓掌声、口号声阵阵。台上台下感情交融，演员、歌队、观众都发出了“打鬼子”的共同呼声，作品起到了动员群众、武装保卫家乡的效果。

1944 年，随着日寇的疯狂“清剿”、进攻，根据地形势更加紧张、恶化。为了适应当时的敌我斗争，史白被组织安排进城，妻子理明被安排进养正小学，建立苏中四分区秘密联络站，通过固有的社会关系，负责城乡专线联络工作。

1945 年 9 月，日寇投降后，地委通知史白和理明撤离南通回解放区。此时，苏中三、四分区合并成立了华中第一分区，史白为华中一分区文协筹备组负责人之一。

史白在途经金沙镇等船时，看到解放区船来车往，人民安居乐业，一派繁荣昌盛景象，与苛捐杂税的国民党敌占区有着天壤之别，他心潮激荡，写下了《别处哪儿有》的歌词。

歌词在一分区文协出版的《文综》第一期上发表。沈亚威看到这首歌词，以极快的速度为这首表现解放区人民翻身解放喜悦心情的歌词谱了曲。这首歌不胫而走，“几乎唱遍整个苏中，是继《黄桥烧饼歌》之后，最易普及而富有意趣的歌曲”。这首具有强大生命力的歌曲吸引了无数青年投奔解放区感染了一代代人，至今仍被传唱。

1946 年，史白因过度操劳，旧疾复发，组织上安排史白到东台叶挺公园疗养。在东台叶挺公园的竹林寺时，史白带病协助东台民教馆做了不少工作：帮助新光平剧社进行京剧改革；在《东台民报》担任编撰；为《戏剧与音乐》期刊撰稿、作曲；与践耳合作歌曲《老爹给我竹扁担》；担任韬奋书店出版的杂志《民间》《文综》《江海大众》《戏剧与音乐》的美术编辑并为之撰稿。当时，史白在解放区的《文综》创刊号上发表的论文《论绘画的民间形式》，竟然被敌占区的《东南日报》冒险转载。

1946 年 6 月，华中野战军开始反击国民党军队对解放区的挑衅。7 月，东台解放区上空国民党飞机肆虐，城内霍乱横行。7 月 13 日，华中野战军在泰兴宣家堡一带开始了七战七捷的首战。15 日胜利在望，史白兴奋地拖着病体连夜赶写庆功祝捷标语。16 日，七战七捷首战大胜。史白和战友们一起冒着酷热到东台的街市张贴标语、庆祝胜利。

时值盛夏，饥渴难忍的史白吃了几片街边卖的西瓜，腹泻不止、忽罹霍乱。由于国民党发动内战，封锁解放区针药，前后仅十小时，史白不治逝世，时年 38 岁。

地委以党礼厚葬史白，遗体覆盖党旗，棺殓葬于东台叶挺公园。《东台民报》《江海导报》均发出消息、讣告、唁电，称“分区文艺界一大损失”。以后又出了悼念史白专刊，介绍史白的生平事迹，对史白的艺术成就作了很高的评价。

史白逝世后的第三天，战事又起，我军部队撤退到东台海边。敌伪侵占东台，叶挺公园里的史白墓没能逃过劫难，当即被毁。

“中国保尔”徐惊百

徐惊百是抗日战争时期战斗在敌占区的一位身残志坚、才华横溢的革命文艺斗士。徐惊百，名震，生于 1915 年。徐惊百从少年时代开始，就热爱革命

徐惊百在作画

文艺，尤其喜读鲁迅著作，对当时社会常作出尖刻的讥讽与批判。他在小学高年级时，因患大腿骨结核辍学，但却以惊人的毅力坚持自学，读完高中课程。

1933 年，徐惊百以优异成绩，考入南京中央大学教育学院艺术系，在学校里，他勤奋好学，成绩优异，深受科主任徐悲鸿的器重。

1935 年，徐惊百在南京中央大学积极参加抗日救亡运动和进步的文化活动，以画笔和锐利的刻刀作武器，以诗歌、漫画、木刻等形式，宣传动员群众，成为当时南京学生爱国运动中的骨干。他曾被推为“中大”学生会代表，参加慰问队赴绥远前线慰劳抗日将士。

1936 年夏，徐惊百担任旅外学生举办的“学生暑期社会科学补习班”的讲师，传播科学社会主义思想。同年 10 月，经他奔走联络，广州现代版画会主办的“第二届全国木刻流动展览会”来到南通，近 400 幅展品全面展示了木刻这一富有战斗性的新兴艺术，为木刻在南通地区的兴起做出了重要贡献。

1937 年夏，徐惊百从中央大学毕业，被授予教育学士学位。

抗战军兴，毕业后的徐惊百放弃了赴法国深造的良机，毅然投入抗日、民族解放战争的洪流中去。

1937 年 7 月，抗日战争全面爆发，徐惊百参与发起建立“抗日义勇宣传队”，加入驻通部队东北军 111 师。在该师中共地下党的领导下，进行抗日救亡工作。徐惊百是宣传队的中坚。他和几个革命同志创办了《军民导报》，该报旗帜鲜明，内容充实，形式活泼，深受读者欢迎，发行量超过南通地方其他各报。宣传队还深入部队，教唱救亡歌曲，演出街头活报剧，轰动南通城，成当时南通的一支主要抗日宣传力量。

胡家园6号徐惊百老宅大门

1937年11月，111师奉命离开南通，徐惊百随军北上，转战于苏北徐淮一带和鲁南。在行军中，他以顽强的意志、惊人的毅力，战胜种种困难，在国民党军队中开展了卓有成效的爱国主义宣传教育工作，深得士兵和老百姓的爱戴。

1938年6月，徐惊百经中共地下组织——111师工作委员会考验，在部队中加入中国共产党。不久，宣传队成立党支部，徐惊百任支部委员。

徐惊百在部队，处处以共产党员的标准严格要求自己。他背着背包，拄着手杖，拖着一条跛了的腿，冒着连绵的冷雨与漫天的风雪，在鲁南山地崎岖坎坷的小路上，一瘸一拐地跟着、跑着、跳着、跋涉着，从不喊一声苦，也从不掉队。部队有时照顾他，拨给他牲口代步，他却让给伤员、病员。两年多的军旅生活中，徐惊百历尽艰辛。紧张的战斗环境和艰苦的生活条件，再加上长年累月的急行军，终于将徐惊百这条硬汉击倒了。

1940年春，徐惊百旧疾复发，关节结核发炎化脓，疮口溃烂不愈，举步维艰，再不能随军行走，不得不离开部队去后方医院治疗。当时的医疗条件极为简陋，手术过程中，由于消毒不严，创口溃烂，久治不能愈合。东北军部队中的中共地下党组织决定送他去青岛。徐惊百依依不舍地离开了部队，在青岛医治了一段时间，病情不仅没有好转，反而日益恶化。为了挽救他的生命，党组织决定他转上海治疗。然而，由于缺少特效药物的控制，病情继续恶化，徐惊百的生命受到严重威胁，医生决定采取手术，他的右腿沿着骨盆被截割下来，病情却仍无好转。由于经济不胜负担，他回到南通继续治疗。

此时，南通已经沦陷，家乡人民在日本侵略者的铁蹄下过着亡国奴的生活，这一切更激起了徐惊百拯救民族的决心。手术后的徐惊百，创口久不愈合，溃烂侵至小腹部，无休止的高热和剧痛，给他带来难以忍受的折磨，他终日只能

徐惊百作品 左图《家园》（水彩画）右图《家》（版画）

睡卧在病床上，既不能坐，也不能翻动自己的身躯，但他却以惊人的毅力和顽强的意志与病魔进行了持久的战斗。

徐惊百将病床当成了坚持革命斗争的战场，他时刻不忘共产党员的职责，不畏敌人严密统治下的白色恐怖，与广大青年保持密切联系，利用各种机会，介绍进步书刊，传播革命思想，启发、引导不少青年走上了革命的道路。徐惊百在疾患极其严重的情况下，仍不断提高自己的理论水平和文艺素养，紧握着一支战斗的笔，以惊人毅力翻译、撰写了大量文章，并巧妙地利用敌人出版的报纸副刊作为阵地，揭露敌伪黑暗统治，激励人们走向光明。

在 1946 年“3・18”的斗争中，徐惊百支持青年争取和平、争取民主，撰写了文章《民意在雾中》，揭露国民党反动派的卑鄙伎俩，对鼓舞国统区人民的革命斗争起了很大的作用。徐惊百在南通进步青年中享有着崇高的威望，他与病魔顽强搏斗的勇气和毅力，谱写了一曲感人至深的共产党人的生命壮歌，被人们誉为中国的保尔。

徐惊百曾因病失去与党的联系。但他生命不息、为共产主义战斗不止的真正共产党人的出色表现，感人至深。经审查，中共苏中四地委于 1945 年 9 月正式恢复他的党籍。

1946 年 8 月 27 日，与病魔搏斗到最后一刻，也战斗到最后一刻的徐惊百在南通家中的病榻上去世，年仅 31 岁。

血染疆场李荆

李荆，原名李其达，参加革命后改名李荆，也写作理金、李金。1937年7月从南通师范学校毕业，后考进了上海暨南大学。在暨南大学学生中的中共党员陈伟达的影响下，于同年离校参加革命。

1938年初，李荆跟随中共特派员陈伟达到南通地区开展敌后抗日游击战争。8月，中共江北特委成立。由于当时党组织尚未公开，李荆积极为上海来的干部引荐南通地区的抗日进步力量，包括顾民元、李俊民、马一行、史白、吴天石等进步知识分子，并利用社会关系，将陈伟达、吴佐成等人安排进抗日的“特务总队”工作。

当时，李荆的哥哥李其通是清末状元张謇创办的大生纱厂的职员，李荆利用这层关系打入大生纱厂，与宋祖望、孟桂林、张慎修等十几名进步职员、工人交上朋友，介绍他们到抗日根据地与负责工人运动的陈伟达取得联系，并在陈伟达等人的指导下，在港闸地区开展工作，为抗日武装组织的建立、迎接新四军东进做了大量工作。据原江北特委的领导赵毓华和洪泽回忆，“李荆同志在南通地区组建江北特委时，发挥了重要作用”。 后李荆加入抗战支队，任第二独立分队队长。

1939年4月，李荆参加了新四军，同时加入中国共产党，为在南通地区创建抗日武装和迎接新四军东进做了许多工作。不久，党组织为培养青年知识分子和军事干部，扩大敌后抗日游击战争的力量，选派李荆去皖南新四军军部教导总队学习。学习结束，李荆留在皖南新四军军部教导总队担任教员、宣传干事。

1941年1月，国民党制造了震惊中外的皖南事变。李荆在皖南事变中，随新四军一纵部队浴血奋战七昼夜。在分散突围中，由副政委、政治部主任江渭清率领的包括李荆在内的队伍，最后只剩30多人突出重围。经辗转多地，这批新四军战士于3月5日抵达江阴祝塘。在盐城重建的新四军总部的安排下，李荆任新四军一师宣传干事、苏中大队军事教员。

1942年2月，李荆任苏中大队、抗大九分校军事教员。1943年5月，任抗大九分校军事教员兼一队（军事干部队）副队长。1944年任苏中公学队列科副科长。1945年任苏中公学第三期一大队队长。

1946年1月7日，李荆任山东野战军二旅司令部侦察科长；1946年10月15日任华东野战军一纵二旅五团参谋长。其生平简介在《新四军战史》《华东野战军战史》中均有记载。

1946年10月，李荆接到调令任师侦察科长，即将赴任前，国民党精锐部队对鲁南解放区发动进攻，李荆仍以团参谋长的身份上前线指挥战斗。当时，战斗十分激烈，前线指挥部遭国民党飞机的狂轰滥炸几成平地，团级干部中有四人牺牲。李荆在台（台儿庄）枣（枣庄）反击战泥沟战斗（又名鲁南会战泥沟战斗）中，腹部受创，于1946年11月11日下午4时牺牲于就医途中担架上，年仅26岁。

党的好女儿顾永慈

顾永慈1916年出身于寺街街区有名的书香门第顾氏世家。1934年夏入南通女子师范学校学习。次年，“12·9”学生运动爆发，顾永慈和女师的同学一起走上街头，游行示威，声援北平学生，积极投入抗日救亡活动。1937年8月，顾永慈从女师毕业，到南通县余西头甲海小学任教。

1938年南通沦陷后，顾永慈毅然投身抗战。为不牵累家人，她改名顾毅，参加了驻如皋西乡的国民党保安四旅政训处政工队。

1939年初，顾毅转战到驻如皋北乡西场的保安一旅政训处政工队。保安一旅虽是国民党的一支地方武装，但其政工队在共产党员和进步青年的推动下，坚持抗战的政治气氛浓厚，抗日救亡宣传很活跃。顾毅在政工队组织农民办识字班、教唱歌曲、排演戏剧、办壁报，积极宣传抗日思想，成了政工队有胆有识、能写会画、能演会唱的宣传骨干。顾毅经常不顾危险，深入到敌我拉锯战的地带进行宣传、组织群众工作。

1940年10月，新四军东进通如海启，如皋抗日民主政权建立。顾毅离开了保安一旅，到如皋县人民抗敌动员委员会工作。这一年的冬天，顾毅光荣地参加了中国共产党，不久，调往如皋县政府教育科。

1941年，组织决定在农村开辟新的根据地，调顾毅到南通县通东地区，担任六甲区区委书记。

当时进行开辟工作既艰苦又危险，针对当地群众基础薄弱的情况，顾毅一到六甲，就发展党组织，组织农抗会，发动群众减租减息。但因为长期受剥削，当地农民害怕地主秋后算账，往往白天减下的租息，晚上又偷偷地送还给了地主。面临这样艰难的局面，顾毅毫不气馁，她不分白天黑夜，风里来雨里去，挨家挨户发动工作，向群众揭露地主收租剥削农民的罪恶行径。她不顾自身的安危，只身前往家丁打手众多的大地主家中宣传抗日民主政府的政策，谈判减租减息事宜。经过顾毅艰苦细致的工作，当地农民终于觉醒过来，与地主进行面对面的斗争，减租减息工作得以顺利展开。

1944 年，日伪对通如海启地区加紧“清乡”，局势紧张，“清乡”区的女同志撤至高（邮）宝（应）地区。顾毅被调到宝应县汜水、芦村区，先后任组织科长、区委副书记、区委书记。她在宝应工作的几年中，依靠群众，将各项工作都做得有声有色。

1945 年，汜水乡春旱夏涝，蝗虫肆虐。顾毅和战友们一道，在加强边区“反伪化”“反抢粮”工作的同时，动员群众开挖河道，兴修水利，消灭蝗虫。她夜以继日，不辞辛劳，累得有时走路跌倒都能睡着。在灭蝗过程中，顾毅发现新沟乡有的村 60% 的群众家中断了粮，当他们向藏有百担粮食的姜姓地主借粮时，地主不顾群众死活，就是不借。顾毅带领饥饿的群众前往地主家，迫使其借出粮食，让百姓度过了灾荒。

1946 年 8 月，新四军与来犯的国民党部队展开激战。邵伯保卫战中，潜伏的敌特和“天仙道”反动道会门道首为配合国民党军队进攻解放区，别有用心地散布谣言，在支前民工中制造混乱，煽动一些不明真相的支前民工家属和少数民工扔掉手中的农活，聚到芦村闹事。闻讯赶到现场的顾毅，耐心细致地劝导大家不要上当受骗，稳住了民工的心，为邵伯保卫战排除了干扰。

1946 年冬天，国民党扩大内战，占领苏中二分区江都、高邮、宝应等地，芦村也沦陷了，形势越来越紧张。组织上决定将女同志撤出敌占区。顾毅被调到比较闭塞的天平区北部进行斗争。当时，天北地区虽未被国民党主力部队占领，但经常被国民党地方武装“还乡团”骚扰。

顾毅这批女干部刚去时，老百姓都不敢留她们住宿、吃饭。她们只得住在一条小船上，隐蔽在草荡中。

为了在敌强我弱的环境下打开局面，顾毅提出：“我们要争取群众，否则无法生存。要争取群众就要斩除地头蛇，打击还乡团。”一天深夜，顾毅带领几个同志，带着短枪、手榴弹摸进了村子，闯进了“还乡团”头子家中，将他抓出来处决了。第二天，这一大快人心的消息传开，老百姓奔走相告：新四军没有走，共产党还在。首战告捷，顾毅继续巩固胜利成果。天一黑，顾毅就组织同志们，沿着弯弯曲曲的小路分赴各村，到革命骨干、贫雇农家里去传递信息。她将我军在苏中、苏北、山东打胜仗的捷报告诉乡亲们，让他们坚定信念：国民党反动派是兔子的尾巴——长不了，被反攻倒算去的土地一定会被重新夺回来的。在顾毅的鼓励下，群众的积极性重新被调动起来。她趁热打铁，组织民兵基干队，掌握枪杆子，狠狠打击了“还乡团”的嚣张气焰。

1947 年夏天，根据地委的指示，宝应县委组织土改复查工作队，到溱潼复查。顾毅参加了工作队，任指导员，来到溱潼县廉贻区。廉贻区地处溱潼县东北角，东邻东台，属于敌我双方拉锯地带。顾毅冒着生命危险，经常出入这个地区，领导群众开展对敌斗争。

8 月 11 日夜，顾毅参加了区委扩大会，会议结束已是半夜，她就近在东博镇住下。刚睡下没多久，就听到外面人声狗吠由远而近。警惕的顾毅立即起身出门查看，但刚出门就撞上了偷袭的敌人。顾毅机警地转身拔腿就往后坝头跑。不料敌人有备而来，早已荷枪实弹封锁了后坝头。在敌人前后夹攻下，顾毅不幸被捕。

敌人盘问她，用枪托打她，她始终没有暴露自己的真实身份。穷凶极恶的敌人又用刺刀对着她，逼她招供。顾毅毫不畏惧，痛骂反动派，高呼：“共产党万岁！”“人民万岁！”敌人吓得忙用手巾堵住她的嘴。相持了一会儿，鸡鸣了，敌人要将顾毅押往东台，她坚决不走。敌人只得前面两把刺刀、后面两把刺刀，推推搡搡好不容易将她押到了东博桥头。这时，顾毅突然转过身来抓住敌人的刺刀，英勇搏斗。惨无人道的敌人用刺刀在她的身上、头上连戳了几刀，瞬间，顾毅全身被鲜血染红，她抓住敌人滴血的刺刀不放，在解放战争的大地上，镌刻下一串鲜血染红的足迹。

当被敌人拖到桥上后，顾毅宁死不屈，趁敌人不备，奋力一跃，跳入湍急的河水里。恼羞成怒的敌人对着河面一阵乱枪射击，河水渐渐被鲜血染红。

党的好女儿顾毅，为了人民的解放事业，在异乡献出了自己的生命，时年 31 岁。

“3·18”革命烈士顾迅逸

顾迅逸烈士

顾迅逸，又名顾永惰，1919年11月23日出身于南通书香世家。自幼聪颖过人、博闻强记、能文善诗，擅长演艺，在通中就读时就演讲夺魁彰显才华。他为人宽厚和善，特富同情心。他嫉恶如仇，有强烈的正义感，信仰坚实，有舍生取义的精神。

顾迅逸于1937年参加“战时青年救亡宣传团”，是戏剧组的负责人。1938年参加梁灵光领导下的“苏北敌占区救亡工作团”。1940年，他入读上海沪江大学法学院。1942年春起，从事向新四军输送情报和药品的地下工作，又参加了地下党特派员马世和领导下、由城工委宣传科长曹从坡直接负责的文化战线上的战斗。

1946年3月，为了揭露国民党当局伪造民意的阴谋，表达南通人民要求和平民主、反对独裁专制的强烈愿望，地下党派遣城工委副书记王敏之同志入城，决定临时成立合法的团体文艺协会，安排社会名流参加进来，发动青年学生、市民举行游行，并组织向执行小组递交公开信的请愿活动。顾迅逸和几位爱国志士主动接受地下党的领导，他的家成了“3·18”斗争的总指挥部。

作为青年剧艺社主要负责人和文协主要理事、负责人的顾迅逸迅即站在了斗争的前列。1946年3月17日，按地下党指示成立的南通文艺协会成立大会上，顾迅逸报告了文协筹备的经过，宣读了他与钱健吾起草的《南通文艺协会致军事调处执行小组的一封公开信》，得到一致通过。

“3·18”革命斗争的行动指挥部，就设在城中义巷5号顾迅逸家。3月17日夜晚，顾宅灯火通明，大门敞开，人们进进出出，精心准备请愿游行用的请愿书和传单，赶做横幅与标语。第二天，以顾迅逸带领的青年剧艺社和应时成立的文艺协会会员为基干的游行队伍走上街头，上千名青年学生、教师、市民喊着“我们要和平，我们要民主”的口号，冒雨上街游行、演讲、贴标语、散发传单。游行队伍冲破了刺刀、机枪和铁丝网的层层阻拦来到执行小组所在的桃之华旅馆，派代表递交了公开信和茶话会邀请函。傍晚队伍游行到南城门闹市口时，顾迅逸登高一呼，站在台基上发表了震撼人心的演讲，行人驻足拥塞通道，走下城楼时他已哑不成声。

顾迅逸与共产党员钱健吾合写了《迎接民主胜利歌》：

不怕冲锋枪，不怕铁丝网，我们迎接民主的胜利，暴力在我们面前低头，强权在我们面前颤抖……

顾迅逸作词的另一首《夜店纪念歌》也被广为传颂：

听一支人类伟大的歌曲吧！强壮的旋律的洪流，要冲平这旧社会的堡垒！它暴露那榨取的罗网，和诉说着贫穷的来源……

3月19日，南通青年与新华社记者樊发源、吴青在女师举行座谈会，鼓舞和坚定了斗志，但同时中、军统，三青团特务也混在会场里外监视。

《组织学生前往码头》选自沈启鹏绘红色绘本《江城英魂》

左图 顾迅逸 郑英年烈士纪念集
右图 顾迅逸老宅大门

3 月 20 日上午，国民党当局纠集三青团、还乡团等，伪造民意“请愿”，还强迫中学生参加，矛头对准执行小组的中共代表。顾迅逸获此消息，立刻带着孙平天、季天泽、戴西青、郑英年等青艺社员赶过去，现场高呼：“反对伪造民意”“彻底惩治汉奸”“取消特务机关”。针锋相对的斗争，粉碎了敌人伪造民意的图谋，令反动当局咬牙切齿，在执行小组尚未离开南通时，敌人就迫不及待地举起了屠刀。

从抗战时期的秘密地下战线起，到解放战争前夜民主斗争的前沿阵地，顾迅逸始终表现勇敢坚定、宁死不退。曹从坡在回忆文章中说道“当镇压的风声已起”时，顾尔钥带信给顾迅逸，要他撤向解放区，他却说：“执行小组还在南通，斗争还在继续，这个时候我不能离开。”面对敌人的疯狂反扑，他是有充分思想准备的，甚至连后事也作了交待，对妻子郑瑶年说：“有了儿子，我已死而无憾了，如果我出了事，家中还有些房屋，你们母子可以靠此生活。”

1946 年 3 月 23 日夜，顾迅逸和郑英年、孙日新被特务密捕，就义前被关押在西寺。刑讯室中，顾迅逸怒斥敌特暴行，特务将石灰呛进他的咽喉，一腔鲜血喷溅墙面。24 日，顾迅逸英勇就义。

1950 年，南通市各界人民代表大会讨论通过，追认顾迅逸为革命烈士。

“3 · 18”革命烈士钱素凡

钱素凡烈士

钱素凡，一名普通的南通中学教师，一位激励学生为争取和平、民主而斗争的革命斗士。他在黎明前的黑暗时分，在国民党发动内战的危急时刻，挺身而出，面对刺刀和机枪，为民请愿，直至血染长江，慷慨赴死。

钱素凡，名钱彤，字伯弨，号素凡，后以号行。1912 年 11 月 28 日出身于教师家庭。父亲钱啸秋为南通教育界著名人士，新中国成立后任南通市副市长。钱素凡从小受到家学、家风熏陶，刻苦学习，立志报国。

钱素凡在学生时代就受到进步文艺和进步思想的影响，形成了反抗强权、憎恶黑暗、向往光明、追求真理的性格。1925 年“五卅”惨案发生以后，钱素凡在《中学生》《学生杂志》等刊物发表《耻》《宣传者》《贡献给“五卅”》等诗歌，抗议帝国主义的血腥暴行。随着革命觉悟的不断提高，钱素凡 15 岁在初中读书时就加入了共青团。

1935 年“华北事变”发生后，钱素凡与徐惊百、邹强等人于 11 月 20 日联名在南通发表《为华北事变宣言并告南通知识界》，对南通一些“可当汉奸甘当汉奸的恶棍劣绅”提出了严厉警告。“12 • 9”运动爆发时，钱素凡是中央大学爱国学生运动的骨干之一。

1937 年夏，钱素凡从中央大学地理系毕业，获理学学士学位，暑假后到镇江京江中学任教。抗日战争爆发以后，钱素凡回到南通。1937 年 9 月上旬，钱素凡和徐惊百、邹强、孙卜菁、吴功铭等人一起组织了抗日义勇宣传队，加入了有共产党地下组织活动的东北军 57 军 111 师，进行抗日宣传。他们创办了铅印的《军民导报》，组织歌咏队、演出队，日夜宣传，鼓励民众团结一心，共同抗日，影响很大。11 月中旬，111 师奉命撤离南通，抗日义勇宣传队部分人员随部队转移。钱素凡因家庭有困难，留在南通，在南通中学任教。

1938 年 3 月 17 日，南通沦陷，同年 8 月，南通中学部分教师迁往上海“孤岛”办学，钱素凡随校赴沪任教。在“孤岛”期间，他与共产党有所接触，学习了秘密传阅的《论持久战》和《论新阶段》等进步书籍。

1940 年新四军东进南通地区，8 月，钱素凡随校迁往海安角斜。在建立了抗日民主根据地的掘港，钱素凡与新四军的领导人有所接触，对打败日本帝国主义充满了信心。1941 年初，钱素凡转到潮桥商益中学任教。1941 年 8 月，日寇占领潮桥，学校停办，钱素凡回城，在南通中学任教。

1943 年 4 月，钱素凡担任《江北日报》副刊和《北极》杂志的主编。利用这些园地，发表了一些反映现实、讽刺敌人的文章。7 月，离开了报社。

1944 年 1 月，钱素凡担任女子师范学校校长。1 月 6 日，通中、县中、女师三校学生在地下党的领导下，发起大规模的禁烟运动。钱素凡看到队伍出发，表示："我赞成，你们走好。"

抗战胜利后，钱素凡在南通中学任教，兼任《国民日报》副刊《苏北文艺》的编辑。在钱素凡的策划下，副刊进步倾向明显，经常转载解放区报刊的文章，发表共产党员的革命诗歌。

1946 年 1 月 13 日，国共两党签订停战协定并宣布生效。不料，在停战协定宣布生效的第三天，驻南通的国民党军队就公然破坏停战令，向苏北解放区发动了进攻，侵占了白蒲镇，军事调处执行部所属徐州执行小组淮阴组决定来通调处。反动当局准备组织伪造民意的"请愿"。

3 月 14 日，中共南通城工委接到地委指示，要警惕敌人的阴谋，敌人可能组织伪造民意的"请愿"，必须予以瓦解。城工委研究了当前的斗争形势，即派王敏之同志于 3 月 15 日上午进城 ，向地下党各支部作了布置。

作为报刊兼职编辑的钱素凡积极响应号召，拿起笔作刀枪，写出了政论文《临（迎）春》、诗歌《临（迎）和平使者》，在欢呼三人小组到来的同时，锐利地指出了内战的危险，抨击反动派"抹杀事实的真相，伪造民意来攀诬"的阴谋。钱素凡还将此情况通知给笔触犀利的徐惊百，徐惊百抱病写下了《民意在雾中》一文，揭露当局伪造民意、强奸民意的卑鄙伎俩，并向随同执行小组来通的新华社记者提供第一手资料。

3 月 18 日，执行小组将从如皋来南通。上午九点，阴云密布，细雨绵绵，文艺协会组织的游行队伍从寺街的实验小学（即北濠小学）出发，以"欢迎执行小组莅临"的横幅为前导，沿途呼着口号，散发传单，张贴标语。

上午 10 点多钟，队伍结集在大码头，在寒风凄雨中等待执行小组的到来。将近中午，雨不停地下着，青年学生忍着饥饿，精神抖擞，在路边开起了热烈的"文艺午会"。钱素凡朗诵了共产党员徐惊百写的诗《诵歌》，学生们各自表演了拿手的节目。雨点越打越猛，人们的衣衫都被淋湿了，大家唱着钱健吾和

钱素凡烈士故居　　钱素凡文集

陶应衍在雨伞下现场谱写出的歌曲《坚决等待》，斗志昂扬，毫不退缩。

直到下午四五点，三人小组乘坐的吉普车才到达大码头。国民党军警竟然用刺刀拦阻已在风雨中坚持了整整八个小时的青年学生递交请愿书。青年学生追赶着风驰电掣的汽车，一直到桃之华旅馆。反动当局早已在旅馆门前布下了三道铁丝网，并架起了机枪，封锁示威群众的去路。于是，青年们展开了英勇的斗争，他们冲破一道又一道的铁丝网。钱素凡不顾危险，始终跟着学生往前冲，并带领群众在旅馆门前呼口号，晚上又参加了盛大的游行示威。

国民党反动派对学生的示威感到十分恐慌，决定用大规模的逮捕和屠杀，来压制人民对和平民主的愿望。23日晚，顾迅逸、郑英年、孙日新三人首先被捕，24日被害。27日，孙平天失踪。30日，孙平天的尸体在天生港附近的江面浮起。

钱素凡面对反动派这一倒行逆施，毫不畏惧，不顾自己的安危，在设法营救战友的同时，安排参加游行的学生离城。当时，担任解放区南通县县长的孙卜菁来信叫他下乡，他说："不怕，我是教师，搬到学校去住，有学生保护我。"

4月4日凌晨三点左右，国民党特务竟然越墙进入通中校园，由三青团作向导，闯进钱素凡宿舍，将他绑架。同时被捕的还有季天择、戴西青、罗镇和。敌人对他们进行了残酷的刑讯，他们遭受着坐老虎凳、灌辣椒水和电刑等酷刑的折磨，遍体鳞伤，血肉模糊。面对凶残的敌人，钱素凡仍然痛骂不止。4月5日夜里，敌人将钱素凡等四人押上汽艇，在施以惨绝人寰的酷刑后将其沉入长江，瞬间，烈士的鲜血染红了江水。为了祖国和人民，为了争取和平民主，钱素凡等"3·18"烈士献出了自己宝贵的生命。

1950年，人民政府追认钱素凡为革命烈士。郭沫若为钱素凡的衣冠墓碑题词。

《南通文艺协会成立》选自沈启鹏绘红色绘本《江城英魂》

“3·18”革命烈士季天择

季天择 1925 年 12 月 27 日出身于一个知识分子家庭。1938 年进南通中学学习，在同班同学钱健吾等的影响帮助下，思想逐渐倾向进步。他和进步同学一起编辑油印刊物《属于》，鼓励同学们多思考、多想自己肩负的重任，为真理而斗争。1943 年从南通中学毕业。

1944 年季天择冒着风险，满怀豪情，不远千里，离开沦陷区，去抗日的大后方重庆读书，想投身抗日，终未能如愿。

从重庆回乡后的季天择的思想变深刻了。他参加了当时的进步文艺团体“青年剧艺社”。“青年剧艺社”全称为“青年艺术剧社”，成立于南通沦陷的第五个年头，即 1942 年。

二十世纪四十年代初，地下党组织鉴于南通有话剧人才和观众的优势及传统，提出了“以合法条件进行合法斗争”的策略，青艺剧社即应运而生。季天择参加青艺剧社时还不足20岁，他演出进步话剧，参加文艺晚会，很快就成了剧社的“台柱”和骨干成员。

他在这个充满了朝气活力与理想追求的团体里，以话剧为武器，抨击黑暗，追求光明。他说：“戏剧既教育演员本人，也教育观众，可以使人变得善良、纯朴，不走向邪恶和堕落。”有一个时期，反动当局为了制止青艺剧社演出进步剧目，有意将包场费提高到剧社无力承担的地步，以此来刁难、扼杀青艺演出。为了不让敌人的阴谋得逞，季天择竟卖掉了自己心爱的自行车，拿出钱来，交包场费，让话剧继续演下去。

在季天择这样一批进步青年的努力下，青艺剧社在三年的时间里，上演了《风波亭》《梁上君子》《夜店》大小20多个话剧，经历了无数的磨难与斗争，终于迎来了抗日战争的胜利。

1946年2月（农历正月半），季天择参加了在官地街古城隍庙召开的第一次南通文艺晚会，接着又参加了三次文艺晚会，并参与成立文艺协会的筹备工作。1946年3月17日南通文艺协会成立，决定第二天组织群众队伍去欢迎三人执行小组来南通。正在排练《夜店》的季天择非常积极抄写《告南通同胞书》《南通人民意见书》，准备标语、传单，为第二天举行游行示威做了充分准备。

3月18日一早，春寒料峭，南通中学、南通女子师范等校的青年学生数百人，从四面八方来到集合地点实验小学（今北濠桥小学）。季天择和孙平天，各拿着一支竹竿，齐心合力擎着一条青布横幅，横幅上面用红纸写着“南通文艺协会”六个大字。他们走在欢迎队伍的最前面，引领着这支青年队伍，冒着蒙蒙细雨向大码头进发。他们一路上高呼“要求和平，反对内战”“要求民主，反对独裁”“取消苛捐杂税，解除民生痛苦”等口号，队伍在行进途中不断向市民散发传单，张贴标语。队伍浩浩荡荡地经过南通城的主要街道，极大地鼓舞了广大群众，一路上不断有市民、职工、店员涌进队伍。不断壮大的队伍，汇集到执行小组的必经之路——大码头守候。

季天择和爱国青年们在风雨中坚持等待了八个多小时，下午四点多，执行小组人员乘坐的汽车才在公路上出现。但还没有来得及点燃欢迎的爆竹和喊出欢迎的口号，汽车就飞快地驶过去了。国民党当局企图禁止执行小组与人民群众接触。军警们如临大敌，用长枪刺刀阻拦欢迎队伍。季天择和所有参加游行的青年被激怒了。他看出反动当局的阴谋，马上和青年们追随汽车奔赴执行小组的住地桃之华旅馆。

暮色渐降，雨点也大了起来。青年们仍坚持不散，高唱革命歌曲，高呼革命口号。反动当局焦急万分，无计可施，只好同意派三个代表进去，将请愿书交给执行小组。晚上七点多，美方代表邓克中校终于出来跟季天择他们见了面，并答应参加第二天的茶话会。

斗争取得了初步的胜利，当晚，季天择和青年剧艺社的一些青年学生斗志昂扬地又进行了一次夜间环城游行，还特地到国民党县政府、县党部和警察局门前示威。直至晚上九时以后，才结束了整整一天的游行。

第二天，在有新华社记者参加的茶话会上，明知有特务在严密监视，季天择还是勇敢地向记者揭露了国民党反动当局在南通城的黑暗统治和伪造民意的恶劣行径。

南通青年要求和平民主的斗争，使国民党反动当局惊慌失措。执行小组还未离开南通，他们就迫不及待地用大规模的逮捕和屠杀来压制人民对和平民主的渴望。一批善良有为的青年志士，被南通城里的法西斯特务列入了血腥的黑名单，季天择成为被捕杀对象之一。

自3月21日起，南通文协的顾迅逸、孙日新、郑英年三人失踪，白色恐怖笼罩着南通城。母亲要季天择离开南通，但季天择却认为："民主力量不能削弱，在这最困难的时刻，我走了对不起被捕的朋友。"他不顾个人安危，无所畏惧地为营救难友致函上海《申报》《大公报》等报刊，呼吁社会声援。

4月2日，钱素凡在南大街嘱咐季天择的女友转告天择，及早避难。

4月3日下午，陶应衍来探望季天择，催促季天择速走。当夜，陶应衍未敢独回，留宿在季天择家。深夜，大门外不断有杂乱的脚步声、窃窃低语的说话声，还有四外乱射的手电光。这时，单纯、天真的季天择才意识到敌人真的开始下毒手了。

4月4日，季天择匆匆决定和女友一起离开南通。当天，他们在任家港码头登上了去上海的轮船，但船行驶出十几公里后，被反动派勒令返回，乘客们全被驱赶上岸。季天择和女友混在人群中进了一家小饭铺，刚坐下，就被拿着照片进行搜查的特务带走了。

噩耗不断传来，罗镇和也被捕了，就在季天择被捕的同一天夜里，钱素凡和记者戴西青也被捕了。

4月5日，季天择被特务捆绑投进江里，惨遭秘密杀害，年仅21岁。

“3·18”革命烈士郑英年

郑英年，又名郑洪年，字尚琼，是震惊全国的“3• 18”南通惨案八烈士之一。

郑英年原籍白蒲，是白蒲郑姓世家郑之嘉的第三个儿子。郑英年在白蒲小学南校毕业后就读于唐闸敬孺中学。青少年时代的郑英年性格深沉，个性耿直，好思索，明是非。他酷爱文艺，特别爱读鲁迅先生的作品。由于童年时家住乡镇，他目睹了在国民党官僚统治和封建地主压榨下农民的困苦生活，在他幼小的心灵里种下了对这不平等社会仇恨的种子。

1940年，郑英年考入上海大学农学院化学系读书。当时，日寇侵占我国大片领土，奸淫烧杀，为所欲为。目睹这一切的郑英年，在大哥郑柏年、二哥郑延年（中共地下工作者）的影响下，积极参加抗日救亡活动。郑英年的父亲郑之嘉去世后，1941年夏，身为南通城顾姓世家后人的母亲顾尔铎带全家从白蒲回到南通城，定居南通西北城脚胡家园9号。

1943年，其姐郑瑶年与《江北日报》副刊主编及《北极》编辑（中共的地下工作者）顾迅逸结婚。顾家宅院很大，郑英年就和姐姐郑瑶年、姐夫顾迅逸住在一起。在姐夫顾迅逸的介绍下，郑英年经常阅读共产党的宣传刊物，两人一起议论祖国的命运、民族的解放和青年一代肩上的重任，思想日趋进步成熟。

1945年，郑英年大学毕业，获学士学位。后回乡在南通天声无线电商店工作。从此以后，郑英年经常主动到中共南通城工委驻地和地下党组织接触联系，积极参加南通地下党组织的革命活动。郑英年参加了进步文艺团体青年剧艺社，在青年剧艺社演出师陀、柯灵根据高尔基原著改编的进步话剧《夜店》时，做了大量的剧务工作。没多久，郑英年不但是“青年剧艺社”的社员，还成为南通文艺协会的骨干成员。

1946年1月15日，国共签订停战协定生效后的第三天，驻南通的国民党军队竟违反停战令，侵占我军驻地解放区如皋县的白蒲镇。3月初，由中国共

产党、国民党和美国三方面代表组成的军事调处执行部所属徐州组淮阴执行小组来如皋、南通调处军事冲突。

中共南通城工委接到地委指示，要警惕敌人伪造民意的阴谋，党员和积极分子要通过欢迎执行小组，组织游行示威，表达要求和平民主的呼声。郑英年在顾迅逸的影响下，满腔热情投入这一活动，参加了“3·18”全过程的三天斗争。

3月18日，面对荷枪实弹的国民党反动派，郑英年“到处活动，毫无顾忌”，散发传单，张贴标语，在游行队伍中教唱革命歌曲，领头高呼口号，在请愿游行中充分发挥了骨干带头作用。下午，执行小组的车队才到南通。但国民党当局心怀鬼胎，不让等待已久的青年们见执行小组，阻挠他们递送请愿书。郑英年和无数南通青年一起冲破荷枪实弹的国民党军队的层层阻拦，终于递交了请愿书，随后即举行了震惊全市的示威游行。

3月19日，南通文艺协会在南通女子师范学校举行茶话会，邀请执行小组代表出席。郑英年不顾前一天的劳累，又和季修甫、朱亦民、谢铮一起去南通女子师范，布置迎接调查小组的茶话会活动现场。由于反动当局的百般阻挠，只有随执行小组来通的两名中共新华社记者出席。茶话会上，郑英年这些热血青年，不顾国民党特务的监视，不断向记者递送纸条，反映南通人民要求和平的心声。

3月20日，郑英年跟着姐夫顾迅逸去桃之华旅馆中共代表驻地，与围攻中共代表的反动御用商会作面对面的斗争。

《夜间举行游行示威》选自沈启鹏绘红色绘本《江城英魂》

南通进步青年举行的这一系列活动向人们揭示了国民党挑起内战的真相，引起了国民党当局的极大恐慌，立即密谋对这一活动的组织者和积极分子进行大规模的逮捕和屠杀。早在3月18日，国民党特务就对参与游行请愿活动的进步青年积极分子进行了监视。自始自终参加斗争的顾迅逸、郑英年引起了特务的注意，上了“黑名单”，成为敌人“予以处置”的“为首分子”。

敌人的魔爪首先伸向顾迅逸、郑英年、孙日新三位进步青年。

3月23日下午，青年剧艺社的顾迅逸、郑英年、季天择、孙日新，集中在南通西大街（现新华书店附近）顾崇敬家排演话剧《日出》，季修甫也陪同在旁观看。一直到晚上八时，排演结束，季天择向北城脚方向回家。顾迅逸、郑英年、孙日新三人向南，往西南营方向结伴而行。途中，遭埋伏多时的特务绑架，随即被押到国民党军105师谍报连连部（后为启秀中学）附近的西寺内。惨遭毒刑拷打，倍受残酷折磨。

3月24日，见不得光的特务等到夜幕降临，偷偷摸摸地将郑英年、顾迅逸、孙日新戴上脚镣手铐，用布蒙住头部，塞进小汽车，直奔姚港，凶残地将他们投入江中。只因表达了人民的和平民主愿望，竟遭此残酷屠杀。在震惊全国的“3·18”惨案中牺牲的热血青年郑英年，牺牲时年仅23岁。

1950年，南通市各界人民代表大会讨论通过，并报经南通市人民政府批准，追认郑英年为革命烈士。

铁军报人徐铭延

诞生于抗日烽烟中的红色报纸《江海报》，是《南通日报》的前身。《江海报》创办时的主编兼经理徐铭延，故居在寺街街区侯家巷2号。

徐铭延生于1917年。他幼承家学，又受到南通范氏世家教诲，成名较早。徐铭延启蒙于寺街的养正小学。在敬孺中学读初中时，就接受了养正小学校长施仁政的二儿子施春瘦（即烈士史白）的革命思想的熏陶，一起创办《孺言》杂志，组织“文艺组合”，为工人夜校上课，宣传反帝反封建思想。他所写的诗篇，曾由赵丹在群众集会上朗诵，引起很大反响。

1933年2月，徐铭延在南通师范就读时，秘密加入了中国共产主义青年团，4月因身份暴露被校方除名。不久，他前往杭州，考入浙江省立民众教育实验学校，并加入党的外围组织社会科学总联盟和反帝大同盟。10月，徐铭延在校外散发革命传单时，被反动派逮捕，反动派对年仅16岁的徐铭延钉起了脚镣，用严刑逼供，把他送进了监狱，关押一年后于1934年才取保释放。

1935年，徐铭延到上海，先就读于上海美术专科学校，次年转入新华艺术专科学校。上学期间，他所撰写的诗文曾发表于《新东方》《生活知识》《华美》等报刊上。

1937年，抗战开始后，徐铭延返回家乡南通，为《救亡时报》绘画撰文。南通沦陷后，徐铭延去金沙参加李俊民主办的《新通报》编辑工作，《新通报》宣传团结抗日，拥有众多读者，是当时南通地区最受欢迎的报纸。徐铭延在这里一直工作到该报被迫停刊。

1940年10月，新四军东进到南通沿海地区，建立苏中抗日民主根据地，并将原国民党办的《东南晨报》改组为共产党领导的进步报纸，宣传抗日。徐铭延任《东南晨报》主编兼经理。

苏中四分区建立后，苏中四地委决定将《东南晨报》更名为《江海报》，作为苏中四分区、四地委的机关报，于1942年1月1日正式创刊。徐铭延仍担任主编兼经理。

1942年9月至1945年12月，徐铭延先后在中共创办的如东中学任教，在四分区专署任编审。1943年12月，徐铭延与妻子夏溶一起被调往苏中行署文教处工作，任《苏中教育》主编。1945年11月底，徐铭延夫妇被调往苏皖边区政府教育厅。徐铭延还先后任《生活》杂志主编、《政府教育》主编以及

《新教师》主编，为解放战争的胜利、发展党的文教事业做了大量工作。

1946 年 10 月，徐铭延被调往吴天石任校长的江海公学任语文教员，曾编写《怎样写作新闻和通讯》讲义，促进了江海地区的新闻工作。1947 年苏中区和苏北区合并，徐铭延调任华中解放区行政办事处教育处编审室副主任兼秘书。1949 年 3 月任苏北支前政治部宣传部副主任，后又被任命为苏北行政公署教育处编审室副主任。

江海報

慶祝通如海啓全境解放！

慶祝通如海啓全境解放

《江海报》为《南通日报》前身，图为 1949 年 2 月报道南通解放的该报

1949 年底，徐铭延调任苏南行政公署办公厅调研室副主任，负责起草向中央报送的政府各项重要的工作报告。

1952 年 9 月，徐铭延调任苏南师范学院（后改名江苏师范学院）中文系主任。他在努力做好行政工作的同时，担任了习作和中国古代文学课程的教学工作。徐铭延在 1953 年入党后，更注意团结同志，跟著名学者沈祖棻、杨白桦、朱彤、廖序东、吴调公等建立了深厚的友谊。1955 年，该系并入南京师范学院，徐铭延任中文系副主任，在党内任党委委员，系总支代理书记。徐铭延担任中文系副主任多年，不仅工作认真，教学成绩卓著，而且敢于发表不同意见，从不阿谀逢迎。他专治元明清文学，结合教学撰写并发表了《论公安派的思想和文学主张》《〈天雨花〉试论》等论文。

1959 年反右倾时，生性耿直的徐铭延遭到莫须有的批判，被处分撤销职务，精神备受摧残。1963 年甄别平反后借调到上海担任新编《辞海》一书文学词目的修订工作。后又调至南京大学中文系任教并担任研究生导师，与老友俞铭璜重新一起搞研究工作。这时徐铭延撰写了《李玉〈两须眉〉本事考》，《论李玉的〈一捧雪〉传奇》《曹雪芹和〈红楼梦〉》《〈金瓶梅词话〉谈屑》《农民革命的火炬——〈水浒〉》等论文。

徐铭延擅长古体诗词，语言清丽，风格多样。他先后与洪泽、沈祖棻、蔡观明、杨白桦、蒋逸雪等唱和，备受赞誉。蒋逸雪教授赠诗有“徐瑶昨夕来邗上，谱得新词压旧诗”“羡君头黑早知名，夜雨秋灯喜识荆”之句。

徐铭延在备受“左倾”路线迫害后，身心受到严重摧残，于1964年中秋节含冤去世。

1979年南京大学党委为徐铭延平反昭雪，恢复其党籍，并在《南京大学学报》上发表其遗作《曹雪芹与〈红楼梦〉》，以示悼念。1980年，南京师范学院党委讨论了徐铭延在批判“右倾机会主义”中遭到错误处理的问题，彻底改正了1963年的甄别结论，并在《南京师范学院学报》上发表其遗作《论李玉的〈一捧雪〉传奇》及诗词六首，以示纪念。

从寺街、西南营历史文化街区走出的这批江海儿女，除了具有坚定的革命信念和斗争精神外，还有着一个共同的特点，他们都根植于寺街、西南营这片具有浓厚文化氛围的土壤，具有较高的文化素养和文艺才干。他们为了新中国的成立，以笔作刀枪喊醒民众，文如闪电撕破黑暗，血洒江海无怨无悔。一脉相承的红色基因，绵延至今，代代相传。

在寺街、西南营古老街区里，每一个红色记忆点，都是建立新中国的一块坚定奠基石。目前，寺街西南营历史文化街区成立了党性教育基地，南通红色文化研究会也在寺街成立。红色资源的挖掘整合，将让寺街、西南营成为世代相传的爱国主义教育基地。

寺街全景图

图书在版编目(CIP)数据

话说寺街西南营 / 南通报业传媒集团著 . -- 南京 : 江苏凤凰文艺出版社, 2021.11(2023.5重印)
ISBN 978-7-5594-6106-3

Ⅰ. ①话… Ⅱ. ①南… Ⅲ. ①城市道路—介绍—南通 Ⅳ. ① K925.33

中国版本图书馆 CIP 数据核字 (2021) 第 239114 号

话说寺街西南营

南通报业传媒集团 著

责任编辑	朱雨芯
策划编辑	袁 昕
装帧设计	岳招军
责任印制	刘 魏
出版发行	江苏凤凰文艺出版社
	南京市中央路 165 号,邮编 :210009
网 址	http://www.jswenyi.com
印 刷	三河市同力彩印有限公司
开 本	787 毫米 ×1092 毫米 1/16
印 张	16
字 数	296 千字
版 次	2021 年 11 月第 1 版
印 次	2023 年 5 月第 2 次印刷
书 号	ISBN 978-7-5594-6106-3
定 价	68.00 元